我們都要和固執的自我坦誠相對

韋甜甜◎著

目錄
Contents

Part 1 欲望極簡
和固執的自我坦誠相對

我們都要和
固執的自我
坦誠相對

Part 2 心靈極簡

定期修剪多餘的欲望

第三章 聽見幸福的聲音

第四章 你爭得了什麼，能大得過這世界嗎？

目錄
Contents

我們都要和
固執的自我
坦誠相對

Part 3 精神極簡
給虛胖的欲望瘦瘦身

第七章 你的身邊是「貴人」還是「跪人」？

第八章 當你的才華還撐不起你的夢想時

目錄
Contents

Part 4 生活極簡
成就人生的基本欲望

我們都要和
固執的自我
坦誠相對

第十一章 和你在一起，才是全世界

第十二章 走向光榮之路

前言
正確認識自己，也不要迴避欲望

有人將現在流行的「極簡主義生活方式」定義爲：對自身的再認識，對自由的再定義。

「深入分析自己，首先瞭解什麼對自己最重要，然後用有限的時間和精力專注地追求，從而獲得最大的幸福。放棄不能帶來效用的物品，控制徒增煩惱的精神活動，簡單生活，從而獲得最大的精神自由。」

「極簡物質，不如極簡欲望。物質只是形式，欲望才是導致亂的原因。」所以，每一個渴望「極簡主義生活方式」的人，都應該先著手簡化自己的欲望。

1

說到「欲望極簡」，首先我們要正確地認識什麼是「欲望」。

人類的欲望（Desire）是由人的本性產生的想達到某種目的的要求，欲望無善惡之分，關鍵在於如何控制。

欲望是世界上所有動物最原始、最基本的一種本能，從人的角度講，是心理到身體的一種渴望、滿足，它是一切動物存在必不可少的需求。一切動物最基本的欲望就是生存與存在。

印度二十世紀偉大的哲學家、心靈導師克里希那穆提說：「對欲望不理解，人就永遠不能從桎梏和恐懼中解脫出來。如果你摧毀了你的欲望，可能你也摧毀了你的生活。如果你扭曲它、壓制它，你摧毀的可能是非凡之美。」

所以，我們應該先瞭解那些成就我們人生的基本欲望，並且善待它們。

具體來說，這世上沒有完全相同的兩個人，也沒有任何兩個人的「欲望圖譜」完全一樣。而在人生的各個領域，我們都具備滿足自己基本欲望的潛能。

在本書中，針對人生的各個面向：情感、事業、家庭、運動和精神靈性，闡述每個人應該如何通過滿足自己的基本欲望來獲得有價值的幸福感，幫助你更深刻地瞭解自己，瞭解你身邊的人。

2

正如佛洛伊德指出的：「本能是由歷史來決定的。」作爲一種本能結構的欲望，無論是生理性或心理性的，都不可能超出歷史的結構，它的功能作用是隨著歷史條件的變化而變化的，因此，欲望的有效性與必要性是有限度的，滿足不是絕對的，總有新的欲望會無休止地產生出來。由於欲望這種不知饜足的特性，欲望的過度釋放會產生破壞的力量。

不要看到別人擁有什麼、別人做什麼就羨慕，然後導致自己身心不能平靜，從而忽略了真正對自己重要的東西，而去花更多時間、精力去做那些本不該做的事。這樣的後果是很嚴重的，所以，「欲望極簡」對於事業、生活、感情都特別重要。

瞭解自己的真實欲望，不受外在潮流的影響，不盲從，不跟風。把自己的精力全部用在最迫切的欲望上，如提升專業素養、照顧家庭、關心朋友、追求美食等。

瞭解、選擇、專注於自己真正想從事的精神活動，充分學習、提高，不盲目浪費自己的時間與精力。

當我們做到不為那些我們不是很需要的、意義不大的事所動時，我們的精神世界就會得到清靜，從而有更多的時間和精力專注於我們喜歡的事。

書中另外告訴我們欲望不是單純、絕對的東西，它需要理智的調控與節制，教我們如何定期給欲望的樹木修剪枝葉，如何保持清醒，告訴自己真正想要的是什麼。

請卸下捆綁在自身的「貪婪氣囊」，做個少欲一身輕的人！細細品味生活賦予自己的一切，與自己較勁，追尋屬於自己的生活吧！

3

《菜根譚》上說：「萬事皆緣，隨遇而安。」人生的自得與悠然歡喜全靠這隨緣的心境。佛家有云：「隨遇而安，隨緣生活；隨心自在，隨喜而作。若能一切隨他去，便是世間自在人。」

要做世間自在人，就要先從內心做起，內心不受到拘束，也不受到干擾才行。本書的最後一部分，從佛學的角度出發，指點我們，如何擁有一種無牽無掛、無憂無慮、知足豁達的人生態度，一份淡泊寬大的心境。若能達到這番境界，那麼，無論我們身在何處，都能夠找到屬於自己的生活。

Part 1

/欲望極簡/

和固執的自我坦誠相對

第一章 我活，故我在

1 享受工作，健康第一

工作重要嗎？當然重要，絕大多數人要靠工作來維持個人和家庭的生活，沒有工作，就意味著沒有了生活收入的來源。因此，從個人的角度來說，工作是非常重要的。

工作的重要性還在於，它不僅是維持生存的手段，也是健康和能力的表現。工作是否認真積極，除了與個人的想法態度有關，也與個人的健康狀態密切相關。當一個人狀態不好的時候，工作效率難免就會低下，最後形成「惡性循環」。從這個角度看，一個人能夠高效地工作，也是健康的體現。

有人提出一個觀點，叫「享受工作」，將工作完全融入到生活中，生活就是工作，工作就是生活。這些人享受工作所帶來的樂趣，並把樂趣與身邊的朋友分享。

工作雖然對我們的生活很重要，但我們還有更重要的東西不能忘，那就是健康。身體就是本錢，沒有健康的身體，工作也就沒有了意義。沒有了健康，工作也會隨之失去。所以，無論工作多麼重要，身體永遠是第一位的。

2 殘疾的是身體還是心理

「一方一淨土，一笑一塵緣。一念一清淨，心是蓮花開。」如此梵音，體現了佛家聖人看待外物的心境。

弘一法師說過：「以佛法來講，一切人生理上的病，多半是由心理而來。所謂心不正，心不淨，人身就多病。什麼叫淨心呢？平常無妄想、無雜念，絕對清淨，才是淨心。有妄想、有雜念、有煩惱，是因喜怒哀樂、人我是非而來的。」

許多人認爲身體不好是一個不能克服的巨大障礙，但下面的故事會告訴大家一些道理。

在英國的一個小農場裡，生活著萊恩一家人。

萊恩每天起早貪黑地工作，年復一年，最後萊恩不幸患了全身麻痹症臥床不起，幾乎失去生活自理的能力。

所有人都認為他不可能再為這個家做些什麼了，可是萊恩卻不這麼想，他思考著用另一種方式供養他的家庭。

他說：「我決定用我的頭腦從事勞動，你們可以代替我的手、腳和身體。我的計畫是把農場的每一畝地都種上玉米；再用收成的玉米餵豬；然後把豬宰掉，做成香腸，再把香腸包裝起來，取一個響亮的名字，送到零售店出售。」

幾年後，「萊恩香腸」成了人們最喜愛的暢銷食品之一。他躺在床上看到自己成為百萬富翁很高興，因為他是一個有用的人。

身體的殘疾不是最可怕的，最可怕的是一個人的心態失衡。同樣，一個各方面都健康的人，如果不能以「健康」的心態去面對生活，壞心態很容易將他打垮，就像下面故事中的保羅。

保羅有一個溫暖的家、溫柔的妻子和高薪的工作，但他的情緒卻非常消沉。他總是感到呼吸急促、心跳加快，喉嚨也像長了什麼東西一樣有種梗塞感。

醫生勸他在家休息，暫時不要工作。他卻認定自己身體的某個部位有病，快要死了，甚至為自己的葬禮做好了準備。

由於恐懼，他心神不寧，體重驟減，他開始靜等著死神降臨。

保羅的妻子將他送到一所有名的醫院進行全面檢查。醫生告訴他：「你的身體壯得像頭牛，你只是吸入了過多的氧氣。」

保羅將信將疑地問：「那我該怎麼辦呢？」

醫生說：「當你再感覺到這種不適時，可以暫時屏住氣，或攏起雙手放到嘴前向掌心呼氣，也可以用這個。」醫生遞給他一個紙袋。

他遵醫囑行事，結果，所有的症狀都不復存在了。

佛經中說：「清淨心植眾德本。」弘一法師認為：「如果面對一切事物環境而沒有絲毫貪嗔癡的念頭，那就是一種功德。對父母不起貪嗔癡，則孝；對國家民族不起貪嗔癡，則忠；對朋友不起貪嗔癡，則義；對一切眾生皆無貪嗔癡，則仁愛。所謂心清淨就是『不可測、無障礙』。能夠做到這一點並不容易，因爲人們的心境太容易受到外界的干擾，惡人受醜陋之心的牽引而做壞事，普通人也可能因爲執著心、愧疚心等而使自己陷入痛苦，無法自拔。如果人們難以放下懊惱心、歡喜心，我們心靈就會逐步遠離寧靜，變得焦慮不安。」

由此可見，一個身體完全健康的人如果沒有良好的心態，整天疑神疑鬼，不但會影響正常的工作，還很可能會毀了自己的生活。反之，一個身體雖然有某些缺陷，但自始至終擁有積極心態的人，不但自己生活充實，還能做出有益社會的事情。

3 病痛是生活的調味品

蘇東坡一向樂觀，因偶然得病，悟出了連生病都不是糟糕透頂的事：「閉門野寺松陰轉，欹枕風軒客夢長。因病得閒殊不惡，安心是藥更無方。」說得何等灑脫真率！

人吃五穀雜糧，哪能不生病。可有的人一看自己有病，便惶惶不可終日，甚至疑神疑鬼，把自己的病看成不治之症，未免有點太過小題大做。這種絕望情緒對人的打擊，有時甚至比疾病本身更嚴重。古代醫家稱：「憂愁悲喜怒，今不得其次，故令人有大病矣。」又說：「精神內守，病安從來？」這些都說明精神對疾病的影響是何等的重要。

面對病痛，恐懼和擔心都沒有用，既然不能逃避，不如樂觀地面對，勇敢地接受它的挑戰。

有病並不可怕，正確的態度是，一，不諱疾忌醫，「有病早治，無病早防」，小病小治，大病大治；二要情緒樂觀，「既來之，則安之」。消極的情緒可以致病，樂觀的情緒卻可以治病。尤其是一些慢性病患者，如果保持樂觀心情，可以減輕病痛，有利於治療。

病痛就像是生活的調味劑，讓人最大程度地挖掘自身的潛力，成爲生活的強者。只有經歷了病痛的磨礪，才能更深刻地體會快樂生活的真諦。

4 當下，是生命最好的禮物

生的末端便是死，對死亡懷有恐懼並不奇怪，死亡是人生的終結，如同旅途的終點站。正像英國作家雨果臨終前說的：「生命的旅行總有結束的時候，我該休息了。」

當死亡來臨之際，坦然面對死亡，把它當作生命過程裡的一個環節，就沒什麼好怕了。

聖嚴法師說：「人活著，不過是在一呼一吸之間，呼吸在，所以你一切都在。」日本知名作家村上春樹也說：「死亡並不是生命的反義詞，它是生命的一部分。」禪宗還有句名言：「大死一番，再活現成。」

大多數人終其一生費盡心思追尋的是：得不到的財富、不確定的愛情、如過眼雲煙的名利，卻很少人能夠停下來想一想，要如何正視終須面對的死亡。生死其實是同一件事的兩面，生時不能無憂，臨死必將慌亂。悲慟、號啕與怨天尤人都於事無補，唯有坦然接受，好好準備。

孔子的學生季路問孔子：「敢問死？」子曰：「未知生，焉知死。」前生已逝，未來未到，這都不是我們可以掌握的；唯有每一個現在，才是我們可以把握住的。因此，我們不必因爲終將死亡而變得消極虛無，也不必因爲今生的不美滿而寄望來世。把握「當下」，那麼，每一刻都將是圓滿的結束，也將是嶄新的開始。

5 熱愛生命，珍惜今天

生命的無常和短暫，不應當成爲我們厭棄人生的理由，相反，我們應該用一種更加積極的態度去生活，那就是：珍惜生命，熱愛生命。

大仲馬在《基督山伯爵》末尾寫道，人類的全部幸福就在於希望和等待之中。希望是幸福，等待是幸福，活著是最大的幸福。如果失去生命，偉大的理想、幸福的生活、快樂的人生，這只能是我們腦海中的宏偉藍圖而已。只有活著，珍惜生命，才能實現美好的願望。

珍惜生命就要珍惜今天。昨天的太陽再也照不到今天的樹葉，而今天的樹葉也不是昨天的那一片，我們要認真面對生命中的每一分鐘，這樣我們的年華才不會虛度。

6 存在就是一種幸福

活著，就是一場修行，就是希望，就是幸福。當你可以活著、笑著、哭著、吃著、睡著，真真實實地感受到生命的流動，你的存在就是一種幸福。

也許我們總是想著來日方長，什麼時候享受都來得及。但你看看身邊的那些老人，滿臉的皺紋和佝僂的身軀，他們總是會語重心長地對我們說：「珍惜青春啊。我們是回不去了，年輕的時候……」

有一位作家曾經說過：「現在我只想每天管好吃飯、睡覺，並專心生活就夠了。」乍一聽這話，覺得這個人的追求太平凡了，毫無樂趣可言，但仔細想想，他才是真正懂得生活的高人。

傳說有一次釋迦摩尼佛帶著弟子們遊行，走過一個鄉村的時候，看到村民們正在為一個亡者誦經超度。

有一個弟子感到好奇，就問佛說：「世尊，像這樣虔誠的超度，真的會使亡者升天嗎？」

佛陀不回答，只是反問弟子們：「如果把一塊石頭丟進井裡，讓你們繞著那口井誦經希望石頭浮上來，石頭真的會浮起來嗎？」

弟子們都搖頭。

佛陀說：「所以，你們才要珍惜每一天，享受每一天啊。好好覺悟修行，提升自己的內心修養。誦經只是一種虔誠祈禱和精神寄託的方式。真正能把握時間的，只有自己。」

過去的已經過去，未來的誰也不知曉，唯有享受現在才是最實在的。

也許，一天中最美妙的事莫過於早上醒來，發現自己還好好地活著。

毫無疑問，在早晨選擇怎樣開始新的一天，將對這一整天產生重要的影響。你要做的就是學習「心懷感激」之道。

第二章 塵世中，保持一顆平常心

1 征服自己的悲觀情緒

有句話說得好：「要想征服世界，首先要征服自己的悲觀情緒。」

樂觀的人拿到一個檸檬，會說：「我怎樣才能把這個檸檬做成一杯檸檬汁呢？」而悲觀的人卻正好相反，要是他發現命運只給了他一個檸檬，他就會自暴自棄地說：「我完了，這就是命，我沒有任何機會。」

其實，失敗和挫折都是暫時的，只要你你達觀待之。

遭遇不幸後，只知一味自怨自艾、抱怨他人，根本於事無補，只會讓你在痛苦中越陷越深。

世界首富比爾．蓋茲曾說：「在你成功之前，沒人會顧及你的感受。」不要埋怨生活給你太多的壓力，也不必抱怨前進的仕途上有太多的曲折，大海若沒有洶湧的波濤，就會失去其壯闊；沙漠若沒有飛沙的狂舞，就會失去其壯觀；人生若僅求得兩點一線的平淡度日，生命也就失去了其存在的魅力。

第二次世界大戰結束後的德國，到處是一片廢墟。美國社會學家波普諾在訪問德國期間，曾到一戶住在地下室裡的德國居民那裡進行採訪。

離開那裡之後，同行的人問波普諾：「你看他們能重建家園嗎？」

「一定能。」波普諾肯定地回答。

「為什麼回答得這麼肯定？」

「你看到他們在地下室的桌上放著什麼嗎？」

「一瓶鮮花。」

「對，」波普諾說，「任何一個民族，處在這樣困苦的境地，還沒有忘記愛美，那就一定能在廢墟上重建家園。」

人生到底是上升還是下墜，完全取決於我們如何去看待這個人生。倘若在遭受打擊之時，仍然能夠體會到生命的美好之處，找到象徵生命的希望之花，那麼，你就一定能夠走出人生的沙漠，找到屬於自己的綠野山泉。

2 有遺憾的人生才圓滿

人有悲歡離合，月有陰晴月缺，此事古難全。有遺憾的人生才是圓滿的，苦樂參半的人生才真實，也充實。成功、失敗相輔相成，得與失永遠是守恆的，這才是人生，生生死死都是不可違背的自然規律。

白居易的《適意》曾寫道：「豈無平生志，拘牽不自由。一朝歸渭上，泛如不繫舟。」作者借詩詞抒發對自由生命的嚮往之情。自古文人多風流，不得志時，他們常寄情於山水之間，希望純淨的大自然能淨化自己的內心，忘掉煩惱。

缺陷是構成幸福人生的一部分，在追求幸福的時候，不能被花花世界迷亂了眼，要認清生活的本質。

在時空的長河中，一隻小舟承載著生命，正緩緩駛來。

小舟裡有一個什麼都不懂、剛剛誕生的生命，就像個初生的嬰兒，他還沒有思想，每天只會睡覺。

這天，遠方傳來一陣聲音：「你從哪裡來？要到哪裡去？」

這個新生命重複道：「我從哪裡來？要到哪裡去？」

這艘生命的小舟仍然在時空的長河不斷前行。

這時，又傳來一陣聲音：「等一等，我們想要與你一同旅行，請帶我們一起。」

原來，高興與悲傷、愛與恨、善與惡、得與失、成與敗、聰明與愚蠢，在那邊呼喚，然後一同登上了小舟。

高興從小舟的前方登入，悲傷從小舟的後方登入；愛從小舟的左邊登入，恨從小舟的右邊登入……慢慢地，這些人生的伴侶們在不同的時段都上了船，這艘生命小舟隨之變得沉重，但小舟中的氣氛更活躍，有哭有笑，有喜有悲，小舟被這些伴侶們感染著。

這時，又傳來一陣聲音：「等一等，還有我們。」

循聲望去，清醒與糊塗、路人與朋友攜手走來。清醒和路人都上了小舟，糊塗和朋友卻遲遲不肯上去。

「朋友！糊塗！怎麼了，快上來啊，我們要啟程了！」不知誰在喊著他們。

朋友說：「不，糊塗要先上去才行，否則，生命容不下我！」

糊塗說：「不，他們都不喜歡我，我不想上去。」

這時，船中的生命說：「糊塗，請上船吧，你對我來說很重要。沒有你，我就得不到朋友；沒有你，我將一事無成。」

糊塗猶豫了一會兒，終於還是上了船，朋友緊跟著也上了船。

生命之舟載滿伴侶，在時空浩瀚裡前行。

忽然，有一天，後面又傳來一陣聲音：「等等我，我可是一直在追隨著你啊！」這是死亡的吶喊聲。

死亡一路追趕著生命的小舟，生命的小舟卻沒有停下來，也許是生命裝作沒有聽見死亡的呼喊，也許是生命根本不願意聽見死亡的聲音，生命的小舟毅然衝向前方，任憑死亡在後方緊追不捨。

飄搖的生命小舟，它那載得滿滿的船艙已經無法卸下任何東西，高興與悲傷、愛與恨、善與惡、得與失、成與敗等，他們陪著生命在人生的每一個時刻前行。

生死是每個人都需要面對的兩種狀態，它不會以人的意志爲轉移，生命走到完結，人生就該閉幕了。但閉幕並不意味著什麼都沒有了，那些曾經的歡聲笑語還是會留在人們心中。人生的意義正在於製造那些歡聲笑語的過程。

3 同流世俗不合汙，周旋塵境不流俗

古語道：「處治世宜方，處亂世宜圓，處叔季之世當方圓並用；待善人宜寬，待惡人宜嚴，待庸眾之人當寬嚴互存。」

處在太平盛世，待人接物應嚴正剛直；處天下紛爭的亂世，待人接物應隨機應變、圓滑老練；處在國家行將衰亡的末世，待人接物要方圓並濟，交相使用。對待善良的人，態度應當寬厚；對待邪惡的人，態度應當嚴厲；對待一般平民百姓，態度應當寬厚和嚴厲並用。

當我們處於一個污濁的環境中時，如果能保持「萬花叢中過，片葉不沾身」的操守，便不必急於撇清自己與這個世界的關係，這也是方圓之道。

所謂方圓，古人早有諸多論述。老子的理想道德是自然，是天地，天圓地方；孔子的理想道德是中庸，是適度，是不偏不倚。這種觀念作用於人際，便能促成一種更加和諧的平衡。當然，前提是濁世裡不管外有多「圓」，都要守住內心的「方」，守住自己的道德底線。

其實，我們之所以不贊成「眾人皆醉我獨醒」式的清高，是因爲沒有一個人能夠徹底擺脫這個世界，即便是浮萍，也需要一汪任其漂泊的流水，更何況，沒有幾個人從心底裡願意做那無所束縛卻也無依無靠的浮萍。

孫叔敖原來是位隱士，被人推薦給楚莊王，三個月後做了令尹（宰相）。他善於教化引導人民，使楚國上下和睦，國家安寧。

有位孤丘老人很關心孫叔敖，特意登門拜訪，問他：「高貴的人往往有三怨，你知道嗎？」

孫叔敖回問：「您說的三怨是指什麼呢？」

孤丘老人說：「爵位高的人，別人嫉妒他；官職高的人，君王討厭他；俸祿優厚的人，會招來怨恨。」

孫叔敖笑著說：「我的爵位越高，我的心胸越謙卑；我的官職越大，我的欲望越小；我的俸祿越優厚，我對別人的施捨就越普遍。我用這樣的辦法來避免三怨，可以嗎？」

孤丘老人感到很滿意，於是走了。

孫叔敖按照自己說的做了，避免了不少麻煩，但也並非一帆風順，他曾幾次被免職，又幾次被復職。

有個叫肩吾的隱士對此很不理解，就登門拜訪孫叔敖，問他：「你三次擔任令尹，也沒有顯得榮耀；你三次離開令尹之位，也沒有露出憂色。我開始對此感到疑惑，現在看你的氣色又是如此平和，你的心裡到底是怎樣的呢？」

孫叔敖回答說：「我哪裡是有什麼過人的地方啊！得到和失去都不取決於我自己，因此才沒有覺得榮耀或憂愁。況且，我也不知道官職爵祿應該落在別人身上，還是應該落在我的身上。我的追求是隨順自然，悠閒自得，哪裡有工夫顧得上什麼人間的貴賤呢！」

肩吾對他的話很是欽佩。

孔子後來聽說了這件事，感慨地說：「死和生對於人是極大的事情了，可都不能改變他的操守，何況是官職爵位呢？像他這樣的人，精神穿越大山無阻礙，潛入深淵也不會被水沾濕，處於卑微地位不會感到狼狽不堪。他的精神充滿天地，他越是給予別人，自己越是感到富有。」

孫叔敖後來得了重病，臨死前告誡兒子說：「楚王認為我有功勞，因此多次想封賞我土地，我都沒有接受。我死後，楚王為了回報我生前的功績，一定會封給你土地，你千萬不要接受富饒的土地。在楚國和越國之間，有個地方叫寢丘，這個地方土地貧瘠，而且名字很不好聽。楚國人信奉鬼神，越國人講求吉祥，都不會爭奪這個地方，因此，這個地方可以長久據有它。」

孫叔敖死後，楚王果然要封給他兒子一塊相當好的土地，他兒子辭謝不受，只請求寢丘之地，楚王答應了他的請求。楚國的規定，分封的土地不許傳給下一代，唯有孫叔敖兒子的封地可以世代相傳。

孫叔敖沒有被免職和復職的風波擾亂心緒，而是物來則應，物去不留。爲人處世，我們確實需要一顆方正的心。有圓無方，則謂之太柔，太柔之人缺筋骨，乏魄力，少大志，在生活中難以有大作爲；但若有方無圓，則性情太剛，太剛則易折。

「眾人皆濁我獨清，眾人皆醉我獨醒」，自有其清高自傲，但很多時候，只能換來屈原式的含恨離世或文人式的抑鬱不得志。與之相較，「同流世俗不合汙，周旋塵境不流俗」或許才是更加明智的選擇。

4 前半生不要怕，後半生不要悔

每個人心中都有理想和願望，有的人雖然很努力，但終其一生也沒得到回報。但他們從來不後悔自己曾經付出的熱情和汗水。他們勤勤懇懇，從不懈怠，一直執著於心中的所愛。他們不害怕未知的明天，也不遺憾於流逝的昨天，無憾無懼走完一生。

很多年前，一個年輕人打算離開故鄉到遠方開創一片天地。他臨走前去拜訪本族的族長，聆聽囑咐。當時，老族長在練字，當他聽說年輕人要到外面去闖蕩時，寫下了「不要怕」三個字。

然後，族長對年輕人說：「人生很簡單，總結起來就六個字，先告訴你這三個字，你已經半生受用了。」

帶著族長送的「不要怕」，年輕人走出了故鄉。很多年後，年輕人已到中年，事業也算小有成就，但他的內心卻裝滿了惆悵。於是，他回到了家鄉，並在第一時間去拜訪了族長。

不幸的是，老人家幾年前已經去世了，族長的家人將一封信拿給他，說：「這是族長生前寫下留給你的，他知道你會回來。」

這時，中年人想起來幾十年前他臨走時，族長送他的人生秘訣只有一半，於是拆開信封，「不要悔」三個大字赫然在目。

年少的時候，沒有經驗，不知道該往哪個方向努力，憑的只是一股初生牛犢的勇氣，假如這個時候縮手縮腳，就很難有所成就。等到我們閱盡人生，才能漸漸體會到人生中的遺憾和失落，許多不完美的心事和往事都會漸漸浮上心頭。這個時候，我們最需要的是一顆無怨無悔的心。我們要不斷地告訴自己：走過的都是路，唱過的都是歌，所有經歷都只是一種結果。

儒家對於生命的態度就是所謂的「樂天知命」，人順從「命」的同時還要實現上天賦予自己的使命，這才算盡了人事，如此，面對死亡時也就能心安理得了。

> 王陽明對於生死的態度也是沿襲了儒家的這種思想，他說死無所怕，如若真有所不甘，也是生時未完成人生的使命，死才會有所遺憾。既然生時沒有盡人事，那麼死時再來悔恨也是無濟於事，此時便要學會坦然地面對。

當年，王明陽被貶至貴州龍場，在這個荒涼之地居住著陌生的少數民族，王陽明過得非常艱難。同時，還有人派人追殺他，生活異常艱辛和危險的王陽明幾次從殺手眼皮下逃脫。

這時，王陽明覺得，名利得失早已看透，唯有生命還沒琢磨透。為了參透生命的真諦，他做了個石棺，躺在裡面，對自己說：順其自然，等待命運的安排吧！

這一刻，看透了生死的王陽明，悟透了生與死的意義：自己生前盡忠職守，為國為民鞠躬盡瘁，不遺餘力，即使是死了也沒有遺憾了。

人生在世，每個人都想要了無遺憾地度過今生，每個人都希望自己所做的事永遠都是正確的。但這只是一種美好的希望，人不可能不做錯事，不可能不走彎路。做錯了事，走了彎路之後，能有積極的反省，也是一件好事，至少可以讓我們今後的人生之路走得更穩健、更從容。因爲反思，所以深刻；因爲憧憬，所以希望。在過去和未來的交織下，才會有把握當下、不怕不懼、不喜不悔的人生。

不要怕，是說不要害怕明天的風雨；不要悔，是說不要後悔錯過的霓虹。只要我們好好把握現在，珍惜此刻的擁有，找到活在當下的勇敢和執著，就一定可以收穫美好的人生。

5 感恩一切福佑

生命的整體是相互依存的，每一樣東西都依賴其他每一樣東西。人自有了自己的生命起，便沉浸在恩惠的海洋中。

有個寺院的主人給寺院立下了一個特別的規矩：每到年底，寺裡的和尚都要面對主人說兩個字。

第一年年底，主人問新來的和尚心裡最想說什麼，和尚說：「床硬。」

第二年年底，主人又問他心裡最想說什麼，他說：「食劣。」

第三年年底，和尚沒等主人提問，就說：「告辭。」

主人望著對方的背影自言自語道：「心中有魔，難成正果，可惜！可惜！」

住持說的「魔」，就是和尚心裡沒完沒了的抱怨。這個和尚只考慮自己要什麼，卻從來沒有想過別人給過他什麼。這樣的人在現實生活中很多，他們這也看不慣，那也不如意，怨氣沖天，牢騷滿腹，總覺得別人欠他的，社會欠他的，從來感覺不到別人和社會對他的生活所做的一切。這種人只會抱怨，不懂感恩。

感恩者遇上禍，禍也能變成福；而那些常常抱怨生活的人，即使遇上了福，福也會變成禍。

人要懂得感恩，感恩大自然的福佑，感恩父母的養育，感恩社會的安定，感恩食之香甜，感恩衣之溫暖，感恩花草魚蟲，感恩苦難逆境，就連自己的敵人，也不忘感恩。因爲真正促使你成功，使你變得機智勇敢、豁達大度的，不是優裕和順境，而是那些常常可以置自己於死地的打擊、挫折和對立面。

6 萬事皆緣，隨遇而安

《菜根譚》上說：「萬事皆緣，隨遇而安。」人生的自得與悠然歡喜全靠這「隨緣」的心境。佛家有云：「隨遇而安，隨緣生活；隨心自在，隨喜而作。若能一切隨他去，便是世間自在人。」要做世間自在人，就要先從內心做起，內心不受拘束，不受干擾。

「隨遇而安，隨喜而作」的人生態度是一種境界。如果我們都能夠有一種無牽無掛、無憂無慮、知足豁達的人生態度，一份淡泊寬大的心境，那麼無論我們身在何處，都能夠找到屬於自己的生活。

老和尚和小和尚遇見了洪水。小和尚愁眉苦臉，老和尚卻毫不在意。小和尚勸師父趕緊走，老和尚說：「難道山下就沒有洪水了嗎？」

三天後洪水退去，老和尚告誡小和尚：「無論遇到什麼事都不要驚慌，一切都會過去的。這就是隨緣而活。」

趙州禪師師徒二人論道，比誰把自己說得最髒最臭。

師父說：「我是驢。」

徒弟說：「我是驢屁股。」

師父再說：「我是驢屎。」

徒弟說：「我是驢屎裡的蛆蟲。」

師父問：「你在驢屎裡做什麼？」

徒弟說：「我在裡面乘涼啊！」

星雲大師說，這個「乘涼」就反映了一種隨遇而安、逍遙自在的心態。

有個人請求禪師題個字，禪師送了「父死子死孫死」六個字。這個人認爲不吉利，很不高興。

禪師解釋說：「這是世界上最好的話了。先是父死，再是子死，最後是孫子死，這是最符合自然規律的，難道你希望兒子或者孫子先死？」

人因爲執著的東西太多，所以煩惱也很多，總是提心吊膽、患得患失。太多的人在面對一些狀況的時候不肯接受，比如工作的升遷或者降職，總是不能隨遇而安，反而讓這樣的事情堵在心裡，不得解脫，久而久之，生活就會變得越來越沉重。

宋朝留下了一座廟，這座廟門上有一副對聯：「得一日糧齋，且過一日；有幾天緣分，便住幾天。」這是一種萬事隨緣的心境，不爲外物所累。「有糧多吃，無糧少吃」，並不是要我們萬事消極，而是說在沒有糧的情況下不要哀嘆糧食不足，而要享受這一過程，因為即便再哀嘆，「糧食」也不會憑空多出來。

丹霞天然禪師從小就學習儒家經典，長大後打算進京趕考，卻在路上遇到了一位行腳僧。

僧人問：「您這是要到哪裡去？」

天然禪師回答說：「趕考去。」

僧人說道：「趕考怎麼能比得上選佛呢？現在江西的馬祖道一禪師出世，您可以到那裡去。」

於是天然禪師改道南行，毅然放棄了赴京趕考的打算，來到江西去參拜馬祖禪師。他向馬祖禪師表明來意後，馬祖禪師告訴他前往湖南石頭禪師那兒參學，並對他說：「沒有剃度不要回來。」

天然禪師又趕到南嶽，見到石頭和尚就請他為自己剃度。石頭和尚並沒有立即給他落髮，只是說：「你到糟廠舂米去吧。」於是，天然禪師在廚房幹了三年的雜活。

三年後，石頭和尚很滿意，欣然為他剃度。

天然禪師開悟後，又去江西拜見馬祖禪師。他徑直來到僧堂內，騎坐在菩薩像上，眾人一看，嚇了一跳，趕忙把這件事報告給馬祖禪師，馬祖道一禪師見是他，便笑著說道：「我子天然。」

天然禪師立即從菩薩身上跳下來，向馬祖禪師行禮後說：「多謝大師賜我法號。」天然禪師的名號由此而來。

馬祖禪師說道：「你終於懂得了隨遇而安，隨喜而作。」

佛家講：「繁榮的隨它繁榮，枯萎的任它枯萎。」當一件事情發生之後，既然無力改變，那就要欣然接受，不做愁眉苦臉的「苦行僧」，而要容得下萬物，過眼雲煙如浮雲，我自隨緣過千年。

7 停止流無用的眼淚

《百喻經》裡有一個故事：

有一隻猩猩，手裡抓了一把豆子，高高興興地在路上一蹦一跳地走著。一不留神，手中的豆子滾落了一顆。

為了這顆掉落的豆子，猩猩馬上將手中其餘的豆子全部放置在路旁，趴在地上，轉來轉去，東尋西找，卻始終不見那一顆豆子的蹤影。

最後，猩猩只好用手拍拍身上的灰土，回頭準備拿取原先放置在一旁的豆子，怎知那顆掉落的豆子沒找到，原先的那一把豆子卻全都被路旁的雞鴨吃得一顆也不剩了。

想想我們現在的追求，是否也是放棄了手中的一切，僅僅爲了追求掉落的那一顆？

與其抱殘守缺，不如就地放棄。事物的價值不在於誰佔有，而在於如何佔有。失去不一定是損失，也可能是獲得。

扔掉第二隻鞋的那位老人，他的做法確實值得稱道，既然已經不能保全自己的美事，何不成全別人呢？對於別人，也許可以獲得整個冬天的溫暖。

的確，失去的已經失去，何必爲之大驚小怪或耿耿於懷呢？

之所以失去某種心愛之物會讓我們的心備受折磨，究其原因，是因爲我們沒有調整好心態去面對失去，沒有從心理上承認失去，只沉湎於已不存在的過去，而沒有想到去創造新的未來。

正如我們的人生，走過的那一段已經無法重新開始，不管你再怎麼惋惜、悔恨也無法改變既定的事實。與其在痛苦中掙扎，不如重新找到一個目標，再一次奮發努力。

不要因爲過去的失敗做無謂的自責和嘆息，真正學會放棄後，你會發現，那才是一種真正的超越，一種真正的戰勝自我的強者姿態。

令人後悔的事情在生活中經常出現，許多事情做了後悔，不做也後悔；許多人遇到後悔，錯過了更後悔；許多話說出來後悔，不說也後悔……人生沒有回頭路，也沒有後悔藥，過去的已經過去，你再也無法重新設計。後悔，只會消弭未來的美好，給未來的生活蒙上陰影。

只要你心無掛礙，什麼都看得開、放得下，何愁沒有快樂的春鶯在啼鳴？何愁沒有快樂的泉溪在歌唱？何愁沒有快樂的白雲在飄蕩？何愁沒有快樂的鮮花在綻放？

所以，放下就是快樂。不被過去糾纏，才是幸福的人生。

第三章　聽見幸福的聲音

1 幸福有多遠？

幸福離我們究竟有多遠？每個人的答案都不相同。有的人說幸福離自己很近，就在自己身邊；有的人說幸福離自己很遠，根本搆不到。其實，我們與幸福的距離並不遠，是我們自己把它想得太遙遠了。

小時候，有親人溫暖的懷抱，有親愛的夥伴陪著自由地玩耍……這個時候，幸福就在身邊。

長大以後，我們漸漸地不再是一張白紙，上面多了很多圖案，經歷著一次次的愛和一次次的痛，我們猛然發現，幸福來得很快，走得也快。只是，幸福還在的時候，我們沒有努力抓住它。

也許很多人都一樣，幸福在的時候，淡淡的，非要等到失去了，才知道自己原來曾經擁有過，可那個時候，幸福不會再停下腳步來等你。

幸福其實就是一種感覺，你感覺到了，便是擁有；珍惜擁有，便是幸福。

2 品味生活，活出精彩

用心傾聽風的聲音，你會對生活多些感悟。

當你閉上眼睛，讓風的聲音輕輕滑過耳邊，聽著這首宛如天籟的樂曲，在自然的旋律中領略空靈與淨美，獲得安寧與休憩，感悟人生的真諦，汲取生命的力量，這份寧靜，不就是幸福嗎？

有人認爲，所謂幸福，一是做自己想做的事情，二是與自己喜愛的人在一起。有人認爲，得到自己想要的東西就是幸福。還有人說，人生的終極目標就是追求幸福。

人可以追求或選擇自己喜歡的生活方式，卻無法摒棄生活的本質。生活原本就是一縷清風，貧乏與富足、權貴與卑微等，都不過是人根據自己的心態和能力爲生活添加的調味料。

有人喜歡豐富刺激的生活，於是風吹來許多不同的味道；有人喜歡苦中作樂的生活，於是風把咖啡的香氣帶到你面前；有人喜歡在生活中多加點甜蜜，於是風裡夾雜了淡淡的水果香；有人喜歡把生活泡成茶，於是風讓花在空氣裡呼吸；還有人什麼也不加，只喜歡原汁原味的那種自然。

風遊蕩在空氣中，環繞在我們身邊向你傾訴，你傾聽了嗎？

生活如一陣清風，你見，或者不見，幸福就在那裡，不悲不喜；你念，或者不念，幸福就在那裡，不來不去；你愛，或者不愛，幸福就在那裡，不增不減；你跟，或者不跟，幸福就在你手裡，不捨不棄。

生活要靠自己慢慢去品味，只要用心地傾聽，你就會發現，原來最幸福的生活，就是在如水的平淡中活出屬於自己的精彩。

3 煩惱都是自找的

每個人都有七情六欲和喜怒哀樂，煩惱也是人之常情，但是，每個人對待煩惱的態度不同，所以煩惱對人的影響也不同，通常人們所說的樂天派與多愁善感型就是明顯的區別。

樂天派的人一般很少自找煩惱，而且善於淡化煩惱，所以活得輕鬆、瀟灑；而多愁善感的人則喜歡自尋煩惱，一旦有了煩惱，便憂愁萬千，牽腸掛肚，離不開，扔不掉，自然就活得窩囊。

心理治療專家經過研究認爲：一個人若有以下心理或做法，必定會促使其自尋煩惱，無事生非。

● **把別人的問題攬到自己身上**。如果你把別人的問題攬到自己身上而自怨自艾，把某些人不喜歡你的責任也統統歸因於自己，要不了多久，你就會煩惱成疾。

● **做不可能實現的夢**。最可憐的人是那些慣於抱有不切實際的幻想的人。如果一個人把自己的目標制定得高不可攀，他就會因爲不能實現目標而煩惱。

● **盯著消極面**。牢牢記著你受到了多少次不公正的待遇，或者記著有多少次別人對你說話的態度不友善，如果你把注意力集中在這些不好的、吃虧的事情上，你就會無端給自己製造煩惱。

● **製造隔閡**。不去讚揚別人，喋喋不休地批評、挑剌、埋怨、小題大作。這是製造隔閡、自尋煩惱的「妙法」。

● **滾雪球式地擴大事態**。當問題第一次出現時就正視它，問題很容易就能得到解決；反之，如果讓問題像滾雪球一樣不斷地擴大下去，這樣只會使問題變得更糟，必定會導致你的憤怒和苦惱埋在心底幾個月甚至幾年。

● **以殉難者自居**。妻子經常會抱怨說：「對我們家來說，我不過是個僕人而已。」丈夫也同樣抱怨：「我的骨架都累散了，誰也不把我當回事。」經常這樣想，必定會煩惱異常，而且還會使周圍的人感到討厭，令大家的感覺都變得更糟。

● **「我早就知道會如此」**。如果預料到有什麼壞事會發生，它們多半會兌現。

● **蠢人的黃金定律**。把其他人都看得一錢不值，覺得其他人十分淺薄，於是對別人不屑一顧，最後使自己變得眾叛親離。

不論你是高官還是平民，不論你是富豪還是窮人，不論你是社會名流還是無名之輩，即使你不自找煩惱，但還是少不了會有煩惱，既然如此，我們就要學會善於淡化煩惱，化解煩惱。

那麼，如何才能淡化和化解煩惱呢？

● **比較的觀點**。與嚴重的相比，雖是不幸，但又是大幸。

● **時間的觀點**。時間可以淡化一切煩惱，幾天後甚至一個月後，誰還會把這件事當回事？不如樂觀些。

● **現實的觀點**。勇於承認現實，坦然面對現實，對既成事實的過失以及災禍，不必爲之後悔和煩惱，也不必因此不停地自責或怪罪他人，應該把精力放在如何彌補過失，最大可能地減少損失上，否則，不僅於事無補，還會擴大事端，增加煩惱。

●**換位的觀點**。俗話說：旁觀者清，當局者迷。就煩惱之事來說也是如此。置身於煩惱中的人，往往執著一點，甚至鑽「牛角尖」，千絲萬縷難找頭緒，此時，置於局外的旁觀者的勸導，往往可以起到指點迷津、淡化煩惱的作用。如果你正處於煩惱之中，不妨做一下自己的旁觀者。

此外，還要知足常樂。如果你對自己要求過高，總不知足，當然就很難感到快樂，並會增添很多煩惱。

請記住一句話：煩惱就像天空上的一片烏雲，如果你的心中是一片晴空，煩惱就不會對你有絲毫影響。

4 幸福的感覺叫微笑

幸福最直白的理解就是開心，開心最直接的表達就是微笑，所以，我們要常常微笑，儘管其實你過的並不怎麼幸福，或者你很難過，但還是請努力微笑，因爲微笑有種神奇的力量，可以讓你忘卻憂傷。

微笑，是種幸福的感覺。泰戈爾說：「當他微笑時，世界愛了他。」微笑就是一顆種子，無論是誰，只要他播種了微笑，他就能收穫到愛和幸福。

懂得對自己微笑的人，心靈天空將隨之晴朗；懂得對生活微笑的人，將會擁有美麗的人生。

保加利亞哲學家吉里爾·瓦西列夫在《情愛論》一書中說：「愛的微笑像一把神奇的鑰匙，可以打開心靈的迷宮，它的光芒照亮周圍的一切，給周圍的氣氛增添了溫暖和同情，殷切的期望和奇妙的幻境。」

拿破崙·希爾說：「我想提醒大家，當你追求成功的時候，一定不要把微笑收藏起來，可以說，世界上沒有什麼比微笑具有更大的力量，它是使困難挪動的啓動器，它是剷除逆境的推土機，它是我們走向成功和輝煌的綠卡。」

微笑所釋放出的能量也許是世上最驚人的奇蹟，能化干戈爲玉帛，化武力爲祥和。我們要學會用微笑承受痛苦，用微笑把眼淚揩乾，用最美的微笑來迎接每一個燦爛的黎明。

5 你羨慕別人，別人也同樣羨慕你

我們到底應該把什麼放在自我追求的第一位？很多人都曾想過這樣的問題。

上帝派天使甲和天使乙在人間巡遊，兩位天使看到了這樣有趣的一幕：

一個衣衫襤褸的乞丐漫無目的地走在路上，這時，一個男孩進入了他的視線。男孩左手拿著麵包，右手拿著牛奶，吃得很是暢快。

看著男孩，乞丐摸了摸自己饑腸轆轆的肚皮，咽下一團又一團口水，羨慕地自言自語道：「哎，能吃飽飯，真幸福呀！」

而那個小男孩剛走了幾步，就看到一個女孩牽著爸爸的手進了肯德基，出來的時候，小女孩開心地啃著漢堡，吸著可樂。

看著自己手中的麵包和牛奶，小男孩羨慕地道：「能吃這麼多美味，真幸福呀！」

啃著漢堡的小女孩坐在爸爸的摩托車後座上，忽然看到一輛黑色轎車從身旁駛過，這時，小女孩想：「能開這麼漂亮的車子，真幸福呀！」

而轎車裡坐著的卻是一個逃犯，他透過車窗看到一個乞丐在路上慢慢地走著，羨慕地朝乞丐喊了一聲：「唉，可以自由自在不受束縛，多幸福呀！」

乞丐聽到那人的話，心裡一下高興了起來，原來自己也是幸福的，以前怎麼沒有發現呢？在好心情的感染下，他手舞足蹈地一路唱著歌而去。

兩位天使回去後，向上帝彙報了在人間所見到的一切，並說出心中的困惑：「為什麼乞丐也是幸福的呢？」

上帝微笑著說：「人生來就擁有活得幸福的權利，只是很多人不懂得去主動發現幸福。不管怎麼說，選擇適合自己的生活方式，能夠自由自在的人，最容易獲得幸福。」

就像上面的故事所說的，你在羨慕別人的同時，別人也在羨慕你。

現代社會裡，激烈的全方位競爭、複雜的人際關係、快速的生活節奏，給人們帶來了很大的壓力，使他們對幸福也茫然了起來，總是覺得幸福在別處，而不會從自身去尋找，如此，自然就會覺得幸福難覓。

沒有誰的生活是一帆風順的，多多少少都要受到一些外來條件的束縛。但是，外來的束縛其實是可以通過內心來化解的，關鍵在於你能否找到一種屬於自己的生活方式。

6 每天都是好時光

生命中的每一個階段、每一天都是獨一無二的，一位外國哲人說過：「沒有人生活在過去，也沒有人生活在未來，現在是生命確實佔有的唯一形態。」也有人告誡說：「即使錯過了太陽，又錯過了月亮，可別再錯過了自己。」因此，無論處於哪個階段、哪一天，最可貴的都是眼前的時光，所以，我們應該珍惜當下擁有的一切。

人類常常會懷念往昔，夢想未來，唯獨對現在很不滿意，似乎一輩子都困在此種時空錯亂的得失矛盾中，所以，我們更應該學會珍惜當下擁有的一切。

只要懂得感恩，拋下一切雜念，美好的事物就會觸手可及。假如放下心中的抱怨和不滿足，把生命中的每一段經歷都當作最後一次去珍惜，感恩生活賜予我們的一切，我們是不是會活得更加輕鬆、更加快樂呢？

有人去請佛陀指點生活的迷津。佛陀邀他進入內室，耐心聆聽此人滔滔不絕地談論自己存疑的各種問題。許久過後，佛陀舉手，此人立即住口，想知道佛陀要指點他什麼。

「你吃早餐了嗎？」佛陀問道。

這人點點頭。

「你洗了早餐的碗嗎？」佛陀再問。

這人又點點頭，接著張口欲言。

佛陀在這人說話之前說道：「你有沒有把碗晾乾？」

「有的，有的。」此人不耐煩地回答，「現在你可以為我解惑了嗎？」

「你已經有答案了。」佛陀答道，接著便把他請出了門。

幾天之後，這人終於明白了佛陀點撥的道理。佛陀是在提醒他要把重點放在眼前，將眼光放在當下。

珍惜當下的幸福和快樂，積極地爲美好的明天而奮鬥，才是我們現在要去做的。

Part 2

/心靈極簡/

定期修剪多餘的欲望

第四章　你爭得了什麼，能大得過這世界嗎？

1 什麼事讓你「團團轉」？

有句話是這麼說的：「石火光中爭長競短，幾何光陰？蝸牛角上較雌論雄，許大世界？」意思就是，人生的短暫如同鐵擊石所發出的火光一樣，爲名利不是在浪費時間嗎？相對宇宙而言，人類的生存空間跟蝸牛角一樣，就算你爭得了什麼，能大得過世界嗎？

古有「畫地爲牢」，以示懲戒，然而今每每畫地爲牢，困鎖的不是別人，而是自己。人們總是喜歡將自己的內心死死地囚禁，爲金錢，爲權勢，爲愛情，不斷讓欲求的枷鎖捆綁自己，在不知不覺間將自己快樂的權利盡數消磨。

佛曰：放下！放下才能快樂和自在，但這又談何容易？世上的人有了功名，就對功名放不下；有了金錢，就對金錢放不下；有了愛情，就對愛情放不下；有了事業，就對事業放不下。名韁利鎖纏繞著我們的身心，使我們陷入世俗紅塵的泥淖中不能自拔。

有個後生從家出發，前往一座禪院。在路上，他遇到了一件有趣的事，他想以此去考禪院裡的老禪者。

來到禪院後，後生與老禪者一邊品茶，一邊閒談，冷不防他問了句：「什麼事團團轉？」

「皆因繩未斷。」老禪者隨口答道。

後生聽到老禪者這樣回答，頓時目瞪口呆。

老禪者見狀，問：「什麼使你這樣驚訝啊？」

「不，老師父，我驚訝的是，你怎麼知道的呢？」後生說，「我今天在來的路上，看到一頭牛被繩子穿了鼻子，栓在樹上。這頭牛想離開這棵樹，到草地上去吃草，誰知牠轉過來轉過去都不得脫身。我以為師父沒看見，肯定答不出來，哪知師父一下就答對了。」

老禪者微笑著說：「你問我的是事，我答的是理，你問的是牛被繩縛而不得解脫，我答的是心被俗務糾纏而不得超脫，一理通百事啊！」

想想我們自己，其實也被一根無形的繩子牽著，像老牛一樣圍著樹幹團團轉，總解脫不了。我們的處境又能比老牛好到哪兒去呢？

齊莊公的時候，有個勇士名叫賓卑聚。

一天夜裡，他夢見了一個壯士，這名壯士身材魁梧，頭戴白色絹帽，帽上墜著紅色的絲穗，外穿耀眼的紅色麻布盛裝，內穿棉布做的衣服，腳穿一雙嶄新的白色緞鞋，身上掛著一個黑色的劍囊。這個威武的大漢走到賓卑聚面前，大聲地呵斥他，還朝他臉上吐唾沫。

賓卑聚被這個突如其來的兇狠漢子驚醒了，這才發現原來是個夢。儘管如此，他依然一夜沒睡，心中非常氣憤。

第二天天一亮，賓卑聚就把他的朋友們都請來，向他們講述了前一天晚上做的夢。然後對朋友們說：

「我自幼崇尚勇敢，幾十年來從沒受過任何欺凌侮辱，可是昨天夜裡，我在夢中受到如此侮辱，心裡實在咽不下這口氣。我一定要找到那個敢在夢中罵我，並向我吐唾沫的人。假若在三天之內找到他，我就要報這個仇；如果三天之內找不到他，我就沒臉面活在世上了。」

於是，每天一早，賓卑聚就帶著他的朋友們一起站在行人過往頻繁的交通要道上，尋找著跟夢中打扮、長相一樣的人。

可是，三天過去了，他們始終沒有看到一個如夢中一般打扮的壯士。賓卑聚氣餒地回到家中，長長地嘆了一口氣，然後拔劍自刎。

僅憑夢中的一點不快便耿耿於懷，甚至含恨自盡，這是十分愚昧的。古人常說：「智勇多困於所溺。」夢就像鏡中花、水中月，都是虛無縹緲的東西。人如果沉浸在其中而不加以控制，只會越陷越深，無法自拔，最終害了自己。所以，我們需要把握好眼下的、看得見、摸得著、實實在在的事物，淡定面對一切。

理想讓現實變得豐滿。但理想不是空想，要身體力行，去追求，去實現，因此，人們需要在理想與現實中一邊追求，一邊實踐。但是，在此過程中，人們往往會被名利阻擾，這時，我們要懂得敬畏和灑脫，雖然生活在現實的社會，但要保持內心的清醒。

一些不著實際的名聲，對我們來說是種負擔，它會讓人忘記初衷，失去自我，更甚者，因為貪慕虛榮而斷送自己的前程，與心中的理想漸行漸遠。所以，我們不應該被「名利」所累，那些莫須有的名聲不應該出現在我們的字典裡。無論什麼時候，我們都要保持清醒，告訴自己真正想要的是什麼。

2 做財富的主人

「財富」和「幸福」不是等同的，如果一個渴望幸福的人把追逐的東西放在財富上，即使他追到了自己生命的盡頭，他也無法看到幸福是什麼樣。

「擁有金錢，並不等於擁有幸福；而要想擁有幸福，卻必須擁有金錢。」財富與幸福是兩個完全不同的概念，然而，在經濟飛速發展的當代社會，有相當一部分人給二者劃上了等號。

那麼，金錢究竟在幸福參數中佔有什麼樣的位置？是不是有金錢就會幸福呢？這一直是人們爭論不休的話題。

有位國王，天下盡在手中。照理，他應該很滿足，但事實並非如此。國王自己也很納悶，為什麼對自己的生活還不滿意。

一天，國王起了個大早，遂決定在宮中四處轉轉。

當國王走到御膳房時，他聽到有人在快樂地哼著小曲，循著聲音，看到一個廚子在唱歌，臉上洋溢著幸福的表情。

國王甚是奇怪，便把這個廚子召來問話。國王問他為什麼如此快樂？廚子答道：「陛下，我雖然只不過是個廚子，但我一直盡我所能讓我的妻小快樂，我們所需不多，有間草屋，不缺暖食便夠了。我的妻子和孩子是我的精神支柱，而我帶回家哪怕一件小東西都能讓他們滿足。我之所以天天如此快樂，是因為我的家人天天都快樂。」

聽到這裡，國王明白了。

隨後，國王與朝中的宰相討論這個廚子的快樂，宰相說：「陛下，我認為這個廚子還沒有成為『九九一族』。」

國王驚訝地問道：「何謂『九九一族』？」

宰相答道：「你只要做一件事情，就可以確切地明白什麼是『九九一族』了。就是準備一個包袱，在裡面放進九十九枚金幣，然後把這個包袱放在那個廚子的家門口，您很快就會明白一切。」

國王按照宰相所言，命人將一個裝有九十九枚金幣的包袱放在那個快樂的廚子家門口。

廚子回家的時候，發現了門前的包袱，好奇地把包袱打開，先是驚詫，然後狂喜，廚子將包袱裡的金幣全部倒出來，開始查點金幣，九十九枚？廚子認為不應該是這個數字，於是他數了一遍又一遍，的確是九十九枚。

他心中納悶：沒理由只有九十九枚啊？哪有人會只裝九十九枚的，那一枚掉到哪裡去了呢？於是，他開始到處尋找，找遍了整個院子也沒有找到，心情沮喪到了極點。

為了湊足一百枚金幣，他決定從明天起加倍努力工作，好早日賺回那一枚金幣。

晚上，由於找那枚金幣太辛苦，第二天早上便起來得有點晚，情緒也壞到了極點，便對妻子與孩子大吼大叫，不停地責罵他們沒有及時把他叫醒，影響了他早日賺回那一枚金幣的目標。

從那以後，廚子每天匆匆忙忙地來到御膳房，為了多賺錢，他再也不像以前那麼興高采烈地哼小曲、吹口哨了，平時只知埋頭拼命幹活，一點兒也沒有注意到國王正在悄悄地觀察他。

國王看到原本快樂的廚子心情變得如此沮喪，十分不解，就問宰相：「他已經得到那麼多金幣，應該比以前更快樂才對，可為何會變成現在這樣呢？」

宰相答道：「陛下，這個廚子現在已經正式加入『九九一族』

了。他們擁有很多，但從來不滿足，只知拼命工作，為了額外的那個『一』，為了儘早實現『一百』。原本快樂輕鬆的生活，只因為忽然出現了湊足一百的可能性，就變得不快樂了。他竭力去追求那個並無實質意義的『一』，不惜付出失去快樂的代價，這就是『九九一族』。」

美國賓夕法尼亞大學的葛蘭・法爾博和哈佛大學的蘿拉・塔赫曾做過一項調查研究。他們選取了兩萬名美國公民，從二十歲到六十四歲不等，從年齡、家庭收入、健康狀況、文化水準、種族和婚姻狀況等眾多因素入手進行了研究。最終他們發現，主宰人們幸福的最主要因素是健康，其次才是金錢與家庭狀況。

心理專家研究發現：在影響人們幸福的因素中，金錢只起到五分之一的作用，在構成美好生活的成分中，它所起的作用則是六分之一。

伊利諾大學心理學家的一項研究顯示：中大獎的人在他們交好運一年以後，會變得比以前更加不快樂。還有許多對中獎者的調查表明：突然間得到大量的金錢並不會使人幸福。當過了中大獎帶來的新鮮期，反而會陷入不安之中；而且他們的生活也會遭到一定程度的破壞，比如與朋友之間產生隔閡，與家人吵架，對奢侈的生活不適應等。

因此，並不是只有富翁才有資格獲得幸福快樂的生活，因爲快樂感和滿足感取決於相對的富有，來自於對比中的優越。也就是說，你只要比周圍的鄰居們更富有一點，你就能夠感到幸福。

巴爾扎克說過：「黃金的枷鎖是最重的。」在我們忙著淘金的同時，似乎逐漸忘記了那曾在「岸邊」的初衷，在不斷創造物質財富的同時，逐漸迷失了自我，變得機械和麻木，再也沒有了清貧時的單純和真誠。在財富與壓力指數成正比的今天，富人追求目標的同時，也放棄了常人唾手可得的普通幸福，超過限度的金錢反而會成爲煩惱的代名詞。

一些過分追求物質財富的人，往往富了口袋，窮了腦袋，貌似快樂，實則空虛。所以，對於財富，我們要做財富的主人而不是奴隸，才能得到幸福。

德國哲學家齊美爾說：「金錢是一種介質、一座橋梁，而人不能棲居在橋上。」看淡財富，讓金錢成爲點綴生活幸福的工具，幸福才能常留身邊。

3 快樂值多少錢？

真正能夠陪伴你一生，也是你無法被剝奪的財富，唯有開心快樂。

富人與窮人的快樂有多少區別？如果用錢來衡量，區別很大，富人可以用錢買到很多看似快樂的快樂，窮人不能；如果用精神來衡量，那幾乎是一樣的，他們感受到的快樂，並不比誰少。

對一個人來說，快樂值多少錢？對一家企業來說，快樂能值多少錢？對一個國家來說，快樂又值多少錢？在未得出精確的統計資料前，請一定先快樂起來，因爲你一快樂，就已經開始賺錢了。

人生苦短，得與失、贏與輸、榮與辱都要看淡一些，別給自己的煩惱找藉口。要明白快樂不是上天恩賜的，也不是金錢買來的，而是自己創造和爭取來的。人其實生活在一種心境當中，關鍵是看你怎樣想、怎麼做。也就是說，人快樂與否，是由他的世界觀、人生觀、價值觀決定的。讓我們以快樂的心境去面對今後的每一件事吧！

4 名聲是把雙刃劍

平凡的人會羨慕那些擁有盛名的人，同時也希望自己能有那種非凡的影響力，但是被盛名所包圍的人卻明白，這種壓力是無法言語的。

有才華的人也要避免擁有盛名。司馬遷在寫《史記》的時候，並沒有左擁右簇，相反，他當時的境況可謂冷冷清清。但也正是因爲冷冷清清，他才能靜下心來思考。

擁有盛名的人周圍往往熱鬧非凡，在這種情況下，他們很難安靜下來思考自己的事情。很多文學家在出名以後就很少有傑出的作品產生，雖然有思維定型的原因，但他們沒有時間去改變思維也是一個重要原因。

名聲是把雙刃劍，你用它裝點自己的時候，也給自己埋下了隱患。

很久以前，有一個年輕的劍客，他喜歡到處向成名的劍客挑戰。因為他的劍術高超，所以順利地擊敗了所有的對手。

年輕的劍客聽說在某地住著一位有名的劍客，傳說他是一位傳奇人物。劍術絕妙，無人能敵。於是，好勝的年輕劍客決定去向這位名劍客挑戰。歷經千辛萬苦，他終於在一個山村裡見到了這位名劍客。

年輕劍客原本以為自己見到的會是一位相貌堂堂、氣質出眾的大人物，誰知對方竟是一個不修邊幅、長相普通的老人，而且又瘦又小，一點也沒有劍客的威風。更出乎他意料的是，老人的劍已經鏽得無法再從劍鞘中拔出來了。

面對年輕劍客的挑戰，老人毫不理睬，只管低頭吃飯。此時正是盛夏，屋子裡有好多蒼蠅在嗡嗡亂飛，忽然，老人連眼皮都沒有抬起，伸手便用筷子從空中夾住了四隻蒼蠅，一字排開放在桌上，然後繼續吃飯。

年輕劍客看得目瞪口呆，他原有的驕傲瞬間消失得無影無蹤，他意識到自己的劍術根本不可能勝過這位老人。後來，他拜老人為師，潛心修煉，幾年之後，他的劍也同樣鏽在了鞘裡。

劍是鏽了，可是心境卻更澄明了。

真正的爭鬥不是去打敗別人，而是戰勝自己。只會用身外物和別人一較高低的人，根本不明白真正有價值的是什麼。

很多人都熱衷於虛名，以爲追求的是花冠，卻不知是桎梏。王安石的《寄吳沖卿》詩中有一句「虛名終自誤」，令人警醒。

5 卸下身上的貪婪氣囊

人何苦要爲難自己？生存本就不易，爲何還要給自己脆弱的承受能力雪上加霜呢？其實，你看到的別人的光鮮，也許只是一件華麗的外衣，你可知道那外衣下面有多少不堪的痛苦？別人有的你沒有，可你是否知道，別人爲了得到那些付出了多少？你覺得自己事事不如人，時時不如意，可你是否知道，這不如意、不順心都是你自己製造的？如果你的眼睛看到的不是別人擁有的、享受的、揮霍的，你還會那麼糾結、鬱悶、崩潰嗎？

縱橫交通，人來人往，行色匆匆，人們到底在忙活什麼？不就是爲了生計，爲了生活，爲了柴米油鹽醬醋茶嗎？我們不可能天天躺著等天上掉餡餅，更不可能因爲自己不願奔波而隨心所欲地睡大覺，或四處閒逛。即便我們病了、累了、情緒不好了，也不可能隨隨便便丟下工作，因爲那關係著我們的生存。

僅僅是生存的問題已經夠我們累的了，可有些人還嫌不夠，非要給自己的生活加點猛料，眼紅、嫉妒、鬱悶、憤怒，五味雜陳，全都撲面而來。你有你的生活，擁有別人沒有的東西，爲什麼偏偏要自尋煩惱，拿自己沒有的跟別人比呢？

人生不如意十之八九，天天咬著不如意不放，生活還怎麼繼續？你看到別人有車有房有鈔票，有成功的事業，有漂亮的伴侶，有美滿的婚姻，有歡快的笑容，別人揮手即來的東西你要奮鬥一輩子才能擁有……越對比越鬱悶，越抓狂，附帶抱怨自己沒有一個好的出生背景，沒有一個腰纏萬貫的父親，沒有一張漂亮的臉蛋，沒有遇到一個不錯的機會……越想越覺得全世界都欠你，就連上帝也要狂批一通。

可這一番翻江倒海的痛苦結束後，你的生活有什麼變化嗎？你除了浪費了大把時間，讓自己活得不痛快，平添了無數皺紋和白髮外，生活絲毫未變，你還得爲生計忙，還得爲自己的攀比心理買單，周而復始，直至生命盡頭。

所以，請卸下捆綁在自己身上的那些貪婪氣囊，做個少欲一身輕的人！細細品味生活賦予自己的一切，與自己較勁，追尋屬於自己的生活吧！

6 和誘惑保持安全距離

在物欲橫流的今天，擺在每個人面前的誘惑實在太多了，特別是對有權者來說，可謂「得來全不費工夫」。這就需要保持清醒的頭腦，勇於放棄。如果抓住想要的東西不放，甚至貪得無厭，就會帶來無盡的壓力和痛苦不安，甚至毀滅自己。

像幸運與災難一樣，誘惑在人的生活中也扮演著重要角色。誘惑無處不在，職場中，誘惑以更多的姿態出現，如金錢、名譽、身分、地位、不能兌現的謊言等。臣服於誘惑，將給我們帶來職業生涯和人生的不幸與災難。認清誘惑，經常地進行自我反省，和誘惑保持足夠的安全距離，才是基本的生存之道。

我們有時會遇到別人對你甜言蜜語，給你種種好處的情況，甜言蜜語使人十分舒適，而種種好處更使人陶醉。然而，最甜蜜的舉止，也許就是最毒的藥物；最大的好處，也許就是最深的陷阱。所以，不要隨意放縱自己，不要輕易向各種誘惑低頭，堅持自己的方向與計畫，管理好自己的人生。否則，你很可能隨波逐流，貪圖眼前的一點點安逸享受，而損失掉生活中真正的財富。

第五章　你就是最好的

1 愛那個不完美的自己

你有沒有過這樣的感受？你站在鏡子前面，仔細端詳自己的臉龐，一會兒覺得自己的眼睛小了點，一會兒又覺得鼻子不夠挺、嘴唇不夠性感，身材不夠迷人……

相信不少人都有過這樣的想法，總認爲自己處處不如人，於是自慚形穢、悲觀失望，乃至自卑自憐、自暴自棄，不能夠從容地與人交往，更不能出色地發揮自己的才華和個性。

實際上，每個人都有自己的優勢，同樣地，也不可避免地有自己的不足，但這並不能夠成爲我們失意的藉口。正如美國總統羅斯福的夫人艾莉諾．羅斯福所說：「沒有你的同意，誰都無法自卑。」如果你想掌握人生的主動權，那麼當你對自己有不滿、失意感和自卑時，請靜下心來認真地檢視自己，找到自己的價値所在，並且學會對自己說：「我已經夠好了！」

時常對自己說「我已經夠好了」，這是對自己的尊重與認可，用自信做後盾，學會自我拯救和自我完善永遠是最重要的，也是贏得別人欣賞的方式。

回想一下，你沒有高大的身材，但有淵博的學問也能讓你看起來很高大；你沒有美麗的容顏，可動人的聲音同樣可以讓你受到矚目；你不擅長演講，但你很善於傾聽，後者同樣是一種讓人喜歡的好習慣……由此可見，你其實也是有優點的，你已經夠好了。

這樣做之後，對待生活和工作，你會更加從容、神采奕奕、信心百倍，臉上永遠泛著自信的光芒，並能夠用熱情感染周圍的人，掃去別人臉上的陰霾，化解別人心中的苦悶。

對喜歡體操的人來說，很少有人不知道那個金髮長腿，擁有無可挑剔的容貌和舉手投足間的貴族氣質，散發出成熟女性美的俄羅斯體操皇后——霍爾金娜。

霍爾金娜是體操界少有的奇才，一九九五年至二〇〇三年，她共奪得了十枚世界錦標賽金牌，還奪得過三次歐洲錦標賽全能冠軍，連續五次奪得歐洲錦標賽高低槓冠軍。

雅典奧運會上，廿五歲的她帶著奧運會三連冠的夢想而來。可惜，在一個跳轉動作後，她出現失誤，金牌拱手讓人，霍爾金娜悲情謝幕。

如一隻高傲天鵝的霍爾金娜，一向有自己與眾不同的作風：賽前，她從來不熱身；賽後，她也拒絕承認失敗。

在體操場地上完成最後一個動作後，她就走到台下，不屑看對手最後一輪的比賽。等她再出現在人們的眼前時，傲然的她、一邊展開俄羅斯國旗，一邊向觀眾招手致意，儼然一派冠軍模樣，讓記者們難以抉擇應該把焦點對準她還是真正的冠軍。這時，全場的觀眾都起身鼓掌，他們的掌聲獻給的不是冠軍，而是美麗的冰美人霍爾金娜。

霍爾金娜就是這麼自信，她說，她沒有偶像，她的偶像就是她自己。所以，在霍爾金娜的人生中，她永遠是自己的冠軍，永遠不會對自己失去信心。

每個人都是自己人生的主角，在這場以人生爲背景的戲裡，你的角色、戲份沒有人能夠取代；不用去羨慕別人，不要總想著成爲那個看似完美的別人，他是他，我是我，他永遠都做不了我，我也永遠都成爲不了他。我們要做的只是好好愛自己，愛上不完美的自己，愛上自己的不完美。

2 不完美，並不代表不美好

世界有陰暗有光明，人生有歡樂有悲傷，唯有世界這樣多變，我們的生命才能顯得那麼可貴和不凡。

超市新進了一批樣式新穎、色調分明的高檔杯子，超市的經理相信這些杯子一定可以成為搶手貨。

但奇怪的是，一個月過去了，購買這款杯子的顧客很少。看到如此漂亮的杯子，很多顧客都會立刻拿起來，但當拿到手裡仔細觀察後又都放了回去。經理百思不得其解，便請一位專家來幫他分析。

專家看了杯子之後，對經理說：「你趕緊叫人把這批杯子上的蓋子都拿下來，然後把杯子放在櫃檯上原價出售。這批杯子的杯身的確設計新穎，做工也很精細，但蓋子上卻有一處缺陷，導致顧客們想買這個杯子，但又有點遲疑。現在蓋子一拿掉，它們就成了完美的杯子了。」

不多久，杯子果然被搶購一空。

完美主義者創造了很多偉大的東西，但不追求完美的人也創造了很多美麗的東西。斷臂維納斯少了一隻臂膀，卻平添了深層之美，她所凝聚人體形象的美更加動人心魄。

學會接納世界的不完美，學會接納自己的不完美，敢於挑戰苦難，是我們生命歷程中無法逃避的選擇。沒有對苦難的挑戰，就體會不到生命的甘甜，領略不到世間的風景。

3 戀愛算什麼，婚姻才是考驗

有人說，愛情使人盲目；熱戀中的人看到的永遠是浪漫和甜蜜，即便是缺點，在對方眼中也變成了可愛的地方。你愛的那個人周身都被某種光環所籠罩。但是，一旦有一天，當愛情歸爲現實，當婚姻走進日常的生活，我們就會發現，原來對方身上有這麼多自己無法接受的缺點甚至缺陷，當這種情緒持續地存在，彼此的感情就不可避免地會發生危機。

有一個女孩和一個男孩在眾人的祝福中走進了婚姻的殿堂。可是婚後，女孩卻覺得生活並沒有她想像的那樣美好，兩個人經常因為一點小事而爭吵。因此，她經常跑到娘家訴苦，說著丈夫的種種不是。

這天，在她哭完之後，母親拿出一枝筆和一張白紙對她說：「這樣吧，你現在拿著筆往白紙上點，你丈夫有一個缺點，你就在紙上點一個點。」

女兒接過筆，開始在白紙上畫點。她一邊想著丈夫的缺點，一邊狠狠地在白紙上點著。

等她點完後，母親對她說：「女兒，你看這張紙上是什麼？」

女兒說：「黑點啊，這上面全是他的缺點。」

母親又說：「你再看看，看看還有什麼？」

女兒瞪大眼睛重新審視了一番，說：「上面除了黑點就是空白的地方，沒有什麼別的東西啊。」

母親語重心長地說：「對啊，空白的地方比黑點大得多，你怎麼就只看到黑點呢？你一定是只看他的缺點啦。來，你再數一下他的優點。」

女兒開始數起丈夫的優點。數著數著，臉色慢慢舒緩了起來，最後發現丈夫的優點還是蠻多的。這時，她心裡再也沒有了怨氣，她感激地對母親說：「媽媽，我知道了，謝謝你。」

婚姻生活中，很多爭執和矛盾都是由於我們只看到了對方的缺點而忽視了對方的優點引起的。婚前的交往往往披著一層美麗的偽裝，只有在共同生活時，夫妻雙方才會發現彼此的弱點和問題。

寬容是保持婚姻穩定和幸福的基本品德，因為世上沒有十全十美的人！當兩個素不相識的人由相愛走向婚姻，就註定了要付出一些犧牲。

要想讓自己的婚姻變得更加牢固，讓家庭變得更加美滿幸福，就應該用包容的心態去對待對方，用理性的思維去解決雙方的矛盾和衝突，這樣的感情才會持久，這樣的婚姻才能更幸福。

4 假如生活欺騙了你，去適應它

比爾·蓋茲說：「生活是不公平的，你要去適應它。」從我們出生的那一刻起，不公平就顯現出來了，很多人爲此唉聲嘆氣、指責抱怨。這或許能解一時之氣，卻不能改變實質。面對不公平，比爾·蓋茲說的方法是「你要去適應它」，你是否曾考慮過如何適應這樣的不公？

他出生在愛爾蘭的一個貧困家庭。兩歲的時候，他的父親忍受不了貧窮，拋棄了他和母親。不久，他的母親也離開了他，他先後由外公外婆和親戚照顧。

由於經濟方面的原因，他十六歲時輟學回家，靠賣畫賺錢。生活的磨礪使他比同齡人成熟很多，有一種少年老成的氣度。

十九歲時，他進入倫敦一家著名的戲劇中心學習表演，雖然也參加了一些電視劇的拍攝，但始終都是些不引人注目的小角色，遲遲沒有成名的機會。

在妻子的勸說下，他來到了美國尋找機會。他的運氣很好，被一名導演相中，讓他演《龍飛妙探》。他成熟的演技和瀟灑的風度令觀眾為之傾倒，一時之間，他成了加州家喻戶曉的人物。

那年他三十一歲，他就是現在的國際巨星皮爾斯·布洛斯南。

沒有好的家境和出身，並不意味著一輩子都要被禁錮在小圈子裡。殘酷的現實不會因爲我們的悲觀和抱怨而主動改變，唯有面對生活，接納生活賦予我們的不完美，努力地適應，才能夠讓我們的未來更美好。

一八九九年七月廿一日，歐尼斯特·海明威出生在世界五大湖之一的密西根湖南岸，一個叫橡樹園的小鎮。

家裡一共有六個孩子，海明威排行老二。海明威的母親熱愛音樂，父親是一位傑出的醫生，又是個釣魚和打獵的能手。海明威三歲時，父親給他的生日禮物是一根魚竿；十歲時，父親送給他一支一人高的獵槍。受父親的影響，海明威對捕魚和狩獵充滿了熱愛之情。

十四歲時，海明威在父親的支持下報名學習拳擊。第一次訓練，他的對手是個職業拳擊家，海明威被打得滿臉鮮血，躺倒在地。

可是第二天，海明威裹著紗布又來了，並且縱身跳上了拳擊場。

二十個月之後，海明威在一次訓練中被擊中頭部，傷及左眼，這隻眼睛的視力再也沒有恢復。

畢業後，海明威不願意上大學，渴望赴歐參戰，但因為視力的緣故未被批准。後來，他離家來到堪薩斯城，在《堪薩斯報》做了見習記者。

在這裡，他學到了最初的寫作技巧。海明威很快掌握了寫作的技巧，並形成了自己的文字風格。

一九一八年，海明威如願以償地加入了美國紅十字戰地服務隊，來到第一次世界大戰的義大利戰場。

七月初的一天夜裡，海明威被炸成重傷，人們把他送進了野戰醫院。海明威的一個膝蓋被打碎了，身上中的炮彈片和機槍彈頭多達兩百餘塊。他一共做了十三次手術，有些彈片仍沒有取出來，到死都留在他的體內。

海明威在醫院裡躺了三個多月，接受了義大利政府頒發的十字軍功勳章和勇敢勳章，這時他剛滿十九歲。

大戰後，海明威回到美國。戰爭除了給他留下了精神和身體上的傷痛，沒有留下任何其他東西。前途渺茫，海明威的思想陷入了空虛。

儘管如此，海明威依舊勤奮寫作。一九一九年，他寫了十二個短篇寄給報社，希望能夠發表，但被全部退了回來。母親警告他：要麼找一個固定的工作，要麼搬出去。於是，海明威從家裡搬了出去。

一九二〇年，海明威有一次參加朋友們的聚會，結識了一位叫哈德莉的紅髮女郎。她比海明威大八歲，成了海明威的第一個妻子，這時海明威廿二歲。

一九二三年，海明威的第一部著作《三個短篇和十首詩》在法國的一個非正式出版社出版，總共只印了三百冊，在社會上毫無影響。

作為記者，海明威很受歡迎，但他嘔心瀝血寫成的小說卻沒有報刊肯用。尤其令他傷心的是，退稿信上總是稱他的作品為「短文」，甚至說是「軼事」，根本就不把他的稿件看成是文學創作。

一九二四年，海明威辭去了記者工作，專門從事文學創作。他沒有固定的收入，又要養活剛出生的兒子，生活的艱難可想而知。

一九二五年是海明威最為窮困潦倒的一年。妻子帶著兒子離開了他，他除了通宵達旦地寫作，只能把看鬥牛當作娛樂消遣。

第二年，海明威與第二任妻子波林結婚後不久，他的第一部長篇小說《太陽照樣升起》問世。這部小說一經發表，立即博得了一片喝彩聲，被翻譯成多種文字，成了二〇年代的典範之作。

這部小說用美國女作家斯泰因的一句話「你們都是迷惘的一代」作為題詞，從而產生了一個文學流派——「迷惘的一代」，而海明威就成了這個流派的代表。

生活是不公平的，如果我們因此怨天尤人，不敢面對現實，沒有足夠的勇氣去接受現實的挑戰，整天活在憂鬱之中，那終有一天會被生活擊垮。與其如此，不如思考如何更好地去適應生活的不公。唯有適應當下的環境，你才能有機會去改變自己的處境。

不要奢望自己成爲上天的寵兒。假如生活欺騙了你，給了你諸多不公平的待遇，請你接受比爾·蓋茲的忠告：去適應它。

5 我們都是上帝咬了一口的蘋果

世上沒有完美的人，我們都如同被咬過的蘋果，只是殘缺的程度不同。若總是糾結於生活和想的不一樣，抱怨生活欺騙了我們，懊惱自身的缺陷，那只能說明我們還不瞭解生活的真相：完美只存在於想像。

不要因爲自己的缺陷而自卑、彷徨，那只不過是上天給我們人生添加了一份「苦味」的菜而已。有缺陷不可怕，可怕的是不敢面對，只知逃避和掩蓋。敢於直面真實的人生，是邁向成熟的第一步。想一想：如果自己都糾結於自己的不完美，還會有誰看得見你的「完美」呢？如果我們都不想拯救自己，還有誰能拉我們一把呢？

如果一個人在四十六歲的時候，因意外事故被燒得不成人形，四年後又在一次墜機事故後腰部以下完全癱瘓，他會怎麼辦？

你能想像這樣的人後來竟然成了百萬富翁、受人愛戴的公共演說家、春風得意的新郎官及成功的企業家嗎？你能想像他去泛舟、玩跳傘，還在政壇占得一席之地嗎？

米契爾做到了這些。在經歷了兩次可怕的意外事故後，他的臉因植皮變成了一塊「彩色板」，手指沒有了，雙腿變得那樣細小，無法行動，只能癱坐在輪椅上。意外事故把他身上百分之六十五以上的皮膚都燒壞了，為此，他動了十六次手術。

手術後，他無法拿起叉子，無法撥電話，也無法一個人上廁所。但以前曾是海軍陸戰隊隊員的米契爾並不認為他被打敗了，他說：「我完全可以掌握自己的人生之船，我可以選擇把目前的狀況看成倒退或是一個新起點。」六個月後，他又能開飛機了！

米契爾為自己在科羅拉多州買了一幢維多利亞式的房子，另外也買了一架飛機及一家酒吧。後來，他和兩個朋友合資開了一家公司，專門生產以木材為燃料的爐子，這家公司後來變成了佛蒙特州第二大私人公司。

意外發生後四年，米契爾所開的飛機在起飛時又摔回了跑道，把他的十二塊脊椎骨摔得粉碎，腰部以下永久性癱瘓。

「我不解的是，為何這些事老是發生在我身上？我到底是造了什麼孽，要遭到這樣的報應？」

面對這些滅頂之災，米契爾仍不屈不撓，日夜努力使自己能達到最大限度的獨立自主。他被選為科羅拉多州孤峰頂鎮的鎮長，負責保護小鎮的環境，使之不因礦產的開採而遭受破壞。米契爾後來競選國會議員，他用一句「不只是另一張小白臉」的口號，將自己難看的臉轉化成了一項有利的資產。

儘管面貌駭人、行動不便，但米契爾依然找到了能陪伴自己一生的伴侶。之後，他還拿到了公共行政碩士學位，並持續他的飛行活動、環保運動及公共演說。

米契爾說：「我癱瘓之前可以做一萬件事，現在我只能做九千件。我可以把注意力放在我無法再做好的一千件事上，或是把目光放在我還能做的九千件事上。告訴大家，我的人生曾遭受過兩次重大的挫折，如果我能選擇不把挫折當成放棄努力的藉口，那麼，或許你們可以用一個新的角度來看待一些一直使你們裹足不前的經歷。你可以退一步，想開一點，然後你就有機會說：或許那也沒什麼大不了的！」

不管身體的缺陷是與生俱來的，還是後天導致而難以彌補的，勇敢地接受它們，就能活得從容，活出精彩。不要糾結於自己的缺陷，也不要苛責自己的不完美，因爲有了不完美，才能放大你的「完美」。

6 用「不完美」來打磨自己

面對生活中的不完美和缺憾，我們與其一味挑剔，讓自己沮喪，還不如笑著去包容，堅強地去面對，然後戰勝它。不完美和缺陷，不是對生命的折磨，而是對我們自己的一場考驗。只要你願意接受它們的打磨，新的人生隨時都可以開始。

只有經過磨礪的人生，才能沉澱出堅強的生命；只有經歷了人生的風雨，才能體會生命的難得和可貴。我們的一生就是與不完美、缺陷同行的一生，沒有苦難的人生是不完整的人生。所以，我們應該學會戰勝缺陷，在缺陷中磨煉自己，在不完美中使我們的人生變得完整。

對於不完美和種種缺憾，我們既可以利用它來作爲懶惰和膽怯的擋箭牌，也可以用它來激勵自己去和困難做鬥爭，把它作爲打磨自己的利器。到底是哪種，全看你選擇何種方式面對。

足球明星梅西的大名可謂家喻戶曉。二十歲的梅西身高一六九公分，體重六十八公斤，被人們認為是馬拉度納的接班人。馬拉度納對這位同鄉的評價是：「梅西是一位天才球員，前途不可限量。」

梅西十二歲時來到巴賽隆納，在青年隊中錘煉五年後進入一線隊。他在二〇〇四年的南美青年錦標賽上打進七球而成為最佳射手。現在，梅西已經晉封「梅球王」，成為巴賽隆納俱樂部和阿根廷國家隊的絕對核心。

但是，現在成就如此輝煌的梅西，曾經也有過一段痛苦的往事。作為一個天才球員，他差點因為身體原因而被埋沒。

一九八七年六月，在阿根廷聖塔菲爾省的羅薩里奧中央市，繼兩個哥哥之後，梅西降生了。

這個窮人家的孩子從出生起就身體孱弱，媽媽無暇照顧弱小的梅西，把他寄養在辛蒂亞家，兩人從幼稚園到小學一直在一起。辛蒂亞見證了梅西童年所有的艱辛和歡樂，而梅西也把辛蒂亞當成這個世界上唯一可以傾訴心事的人。

作為梅西最癡心的球迷，辛蒂亞珍藏著梅西代表各個俱樂部效力時穿過的各種款式的球衣。辛蒂亞總是坐在高高的看臺上，看著她的英雄演出，她比任何人都更早而且更堅定地相信梅西的足球天賦。

那是一段多麼幸福的時光。可惜美好的光陰總是容易逝去，十一歲的梅西被查出患有荷爾蒙生長素分泌不足，這將影響他骨骼的健康發育，使他在一點四米的高度停滯不前。

沒有俱樂部想為一個前途未卜的孩子每月花費九百美元的治療費用，梅西只能和父親遠赴他鄉，去西班牙求助。

那是在最後一場比賽後絕望的辭行，十三歲的梅西抱著辛蒂亞嚎啕大哭，而辛蒂亞抱著他說：「不哭不哭，堅強點，小不點兒，一切都會好起來的。」

情況真的好了起來，他通過治療長到了近一點七米，並在巴賽隆納過得如魚得水。無論是教練的讚譽，甚至馬拉度納也親自給他打來鼓勵的電話，這都是在向全世界發佈一個資訊：梅西已經與從前大不相同。

現在的梅西，集萬千寵愛於一身，媒體、教練、隊友、球迷把他當明星、孩子、兄弟、偶像般看待。但在他內心裡，他永遠都忘不了辛蒂亞在他耳邊說的那句話：

「堅強點，小不點兒，一切會好起來的。」

真實的世界有陰暗也有光明，現實的生活有高峰也有低谷。不完美的世界，不完美的人生，恰恰是一個富有的世界，一個值得挑戰的世界。即使陰暗面再多，也並非世界的全部；即使黑夜再漫長，也終有黎明降臨的那一刻。人生的可貴與不平凡，正因為那些不完美和缺憾的存在而閃亮。

第六章 要有所為，更要學會「有所不為」

1 太執著，就成了固執

在人的一生中，要遇到許許多多的選擇，無奈的是，魚和熊掌往往不可兼得。在把握命運的十字關口，我們要審慎地運用自己的智慧，做出最正確的判斷，放棄無謂的固執，冷靜地用開放的心胸去做正確的選擇。

一對師徒走在路上，一個徒弟發現前方有一塊大石頭，他皺著眉頭停在了石頭前面。

師父問他：「為什麼不走了？」

徒弟苦著臉抱怨說：「這塊石頭擋著我的路，我走不過去，怎麼辦？」

師父說：「路這麼寬，你怎麼不繞過去呢？」

徒弟固執地回答道：「不，我不想繞，我就想要從這塊石頭上邁過去！」

師父：「可能做到嗎？」

徒弟說：「我知道很難，但我就要邁過去，我就要打倒這塊大石頭，我要戰勝它！」

經過艱難的嘗試，徒弟一次又一次地失敗了。

最後，徒弟痛苦地說：「連這塊石頭我都不能戰勝，我怎麼能完成偉大的理想呢？」

師父說：「你太執著了，對於做不到的事，不要盲目地堅持到底，你要知道，有時堅持不如放棄。」

過分執著，就成了固執。要時刻留意自己執著的意念是否與成功的法則相抵觸，但追求成功並非意味著你必須全盤放棄自己的執著，而來遷就成功法則。你只需在意念上做合理的修正，使之符合成功者的經驗及建議，即可走上成功的輕鬆之道。

一個人理智地放棄他無法實現的夢想，放棄盲目的追求，是人生目標的重新確立，也是自我調整、自我保護的最佳方案。學會放棄，給自己另闢一條新路，往往會柳暗花明。

他從小的理想是當作家，為此，十年來，他堅持每天寫作五百字，然後充滿希望地寄往各地的報紙、雜誌。遺憾的是，儘管他很努力，可從來沒有一篇文章得以發表，甚至連一封退稿信都沒有收到過。

廿九歲那年，他總算收到了第一封退稿信。那是一位他多年來一直堅持投稿的刊物的編輯寄來的，信裡寫道：

「看得出你是一個很努力的青年，但我不得不遺憾地告訴你，你的知識面過於狹窄，生活經歷也顯得過於蒼白。不過我從你多年的來稿中發現，你的鋼筆字越來越出色了。」

就是這封退稿信點醒了他。他意識到自己不應該對某些事堅持到底，於是，他毅然放棄寫作，而練起了鋼筆書法，果然長進很快。現在，他已是有名的硬筆書法家。

放棄，並不是讓你放棄既定的生活目標，放棄對事業的努力和追求，而是放棄那些已經力所不能及、不現實的生活目標。任何收穫都需要付出代價，付出就是一種放棄。

放棄不是退縮和隱藏，而是教你如何在衡量自己的處境後有的放矢，聰明睿智地做出正確的選擇。

如果你以相當的精力長期從事一種事業，但仍舊看不到一點進步、一點成功的希望，那就不必浪費時間了，不要再無謂地消耗自己的力量，而應該再去尋找另一片沃土。

人生路上要懂得捨棄，更要懂得轉彎！轉個彎，便會柳暗花明。

2 輸得起才能贏得人生

日常生活中，我們常常會犯患得患失的錯誤。面對一個機會，明明是平日裡非常想要得到的，但是在難得的機會面前，我們卻逃避了，害怕了，不想承擔，完全忘記了自己以往想念時候的苦悶，既不能坦然面對「失」，又不能豁然正視「得」。

《聖經》中有一個約拿的故事。

約拿是一個非常虔誠的基督徒，他一直都希望可以得到神的重用。然而，上帝卻好像忽視了他，一直沒有給他任務。為此，約拿常常覺得悵然若失。

一天，上帝終於滿足了約拿的願望，給了約拿一個任務，讓他去宣布赦免一座本來要被毀滅的城市尼尼微城。可是，對於這個崇高而且是自己一直都想要得到的使命，約拿卻害怕、猶豫了。他覺得自己不行，他沒有信心扛起這個一直都想得到的「心願」。於是，約拿逃跑了，他放棄了這個任務，抗拒他一直都敬仰的神所安排的任務。

上帝到處尋找他，懲戒他，不斷地喚醒他……約拿幾經反覆和思考，終於戰勝了心中的矛盾，出色地完成了任務。

在現實生活中，或許我們也會像約拿那樣，不能坦然地看待事情。我們總是太在意事情外在的東西，過多地沉浸在自己的內心世界，肆意馳騁，縱使已經和現實脫軌，也不願走出來，不願正視事實。縱使我們知道自己的這種心理是不正確的，卻也無法戰勝，我們就和約拿一樣，既害怕得不到，也害怕得到。

可是，在上帝的感召和引導下，約拿最終戰勝了自己的畏懼心理，戰勝了自己患得患失的心理，取得了成功。所以，我們也可以丟掉自己患得患失的心理包袱，勇敢地面對人生世事。

只要擺正自己的位置，忠於內心的聲音，患得患失就將不復存在。

從前，有一個名叫后羿的人，他箭法精準，能夠百步穿楊，而且不管是立射、跪射還是騎射，他的箭幾乎從沒偏離過靶心。人們都非常佩服他，後來，他「神射手」的名號傳到了夏王的耳朵裡。

一天，夏王將后羿召進宮中，想看看他的精彩表演。后羿被帶到了夏王御花園，那裡設有一個一尺見方、靶心直徑一寸的獸皮箭靶。

這對后羿來說根本不算什麼。可是，就在后羿準備射箭的時候，夏王說：「為了給這次表演增加一點競爭氣氛，我定個賞罰規則。如果你能夠射中，我就賞賜你萬兩黃金；但是如果你射不中，那就減你一千戶封地。」

往日沉穩、鎮定的后羿聽了，臉色凝重，心慌意亂。他沉重地取出一支箭，猶豫上弓，慢慢舉起，擺好姿勢，可是，一想到這一箭的關鍵性，他拉弓的手變得沒有自信起來，微微顫抖……

> 「啪」的一聲，后羿失手了，箭離靶心幾寸遠，第二箭更是偏得離譜。后羿只能黯然告辭離去。夏王也非常失望。
>
> 大臣解釋道：「后羿平日射箭，隨心而射，一顆平常心讓他百射百中，可是，今天卻攸關切身利益，所以影響了神射的技術。看來，人只有真正將外在利益看淡，才可成為名副其實的神射手啊！」

患得患失既是一個人成功的大忌，也是一個人幸福生活的大忌。一旦我們產生患得患失的心理，就會憂心忡忡，不知所措；一旦我們產生患得患失的心理，就不可能用平常心對待，這樣當然難有所爲。

人們常說：輸不起，就別玩。可是，人生的道路不可能讓我們選擇不玩，所以，我們必須要輸得起。只有輸得起，人生路才能走得更好，才能玩得更快樂。

擁有了輸得起的心態，你就能看淡一切，一心一意地做自己的事情，如此，輸了也不怕，輸了也可以站起來。

人生就像一場賭局，只有輸得起的人才敢於挑戰精彩的人生，才不會畏畏縮縮地對待成敗，才能夠承受來自各個方面的壓力，才能夠更從容地應對一切，保持清醒的頭腦，不管是面臨挑戰還是面對失敗，都可以「贏」得人生。

「怕什麼，來什麼。」或許就是這個道理。切記：不怕輸，才能夠更好地贏。勇敢地面對「患得患失」，並想方設法克服它，只有這樣，你才能有所作爲！

3 寬容，讓你活得更輕鬆

仇恨非但不能撫平我們曾經受到的創傷，還會讓我們整日沉浸在痛苦的深淵裡，無法自拔。如果憎恨的情緒持續在心裡發酵，我們的生活會變得一團糟，有時甚至會做出極端的行爲，從而造成無法挽回的過錯。

「冤冤相報何時了，得饒人處且饒人」，如果我們能讓放下仇恨，忘記曾經的不幸，用寬容的態度來對待曾經傷害過我們的人，就可以防止傷害繼續擴大，我們的生活狀態也會變得輕鬆很多。

古希臘神話中有這樣一則故事：

一個行人在路上走著，不經意踢起了路邊一個小球，哪知這小球越踢越大。路人頓時覺得非常蹊蹺，就不斷地踢，最後，這個小球居然一直膨脹，直至頂天立地。路人畏懼不已，不知道這個小球是何妖魔。

這時，雅典娜女神出現了，告訴他，這個小球叫「仇恨」，如果你不去碰它，它會一直待在那裡，安然無事；但如若它遇到不斷撞擊，就會加劇膨脹，一發而不可收。

仇恨的「小魔球」不是在你成長的路邊，而是躺在了心中。每當你看到一件讓你覺得可恨的事情，心中的「小魔球」就會瘋了似的膨脹，直至堵塞了你心靈天空，最終爆炸，傷人傷己。

寬恕不僅是對別人的包容，更可以使自己得到解脫。我們沒必要爲了懲罰對方，而讓自己淪爲心靈被俘虜的囚犯。

不寬恕別人就是不放過自己。面對他人對自己的各種傷害、詆毀，我們一般會認爲，每個人都該爲自己所犯的錯誤付出代價。然而，念念不忘過去的傷害，並不能把我們從傷害的陰影中解救出來，反而會讓痛苦像魔鬼一樣如影隨形。避免痛苦的最好辦法，就是寬恕曾經傷害我們的人。

熱帶海洋中有一種奇異的魚，名叫紫斑魚。

紫斑魚的奇異之處就在牠全身遍佈針尖似的毒刺。在牠攻擊其他魚類時，牠越是「憤怒」，越是充滿「仇恨」，身上的毒刺就越堅硬，毒性就越大，對受攻擊的魚類傷害也就越深。

但同時。牠越是「憤怒」，毒刺攻擊得越毒越狠，對別的魚類傷害越深，對自己的傷害也就越深，因為牠的「怒火」在燒毀別人的同時，也在燒毀自己，使自己五臟俱焚，一命嗚呼。

世間萬物，被自己所傷，敗給自己的，又豈止紫斑魚？那些總是滿懷仇恨的人，那仇恨之火不也在傷害他們自己嗎？

面對你的愛人、親人、朋友，甚至鄰居，抑或是路上遇見的一個陌生人，當他們傷害了你，當看到他們犯下錯誤時，你怒不可遏地面對他們，只能讓你滿肚子怨氣。但如果你能用平和的語氣、真摯的言語，微笑對待他們的過失，你就能擁有一顆豁達、開闊的心，你內心的傷痕也將慢慢撫平。

原諒別人的過錯是不易的，但有時你計較得越多，失去的也就越多，只有寬容對待，才能將自己受傷的心縫補起來，不去計較才能坦然面對。事已至此，再怎麼仇視憤恨都無濟於事，只有寬容才是讓你重新釋懷的路徑。

4 嫉妒是有害的腐蝕劑

何謂嫉妒？心理學家認爲，嫉妒是由於自己的才能、名譽、地位或境遇被他人超越，或彼此距離縮短時，所產生的一種由羞愧、憤怒、怨恨等組成的情緒體驗，是心胸狹窄的共同心理。哲學家黑格爾說：「嫉妒乃平庸的情調對於卓越才能的反感。」

兩隻老鷹，一隻飛得很快，一隻飛得很慢。飛得慢的那隻老鷹非常嫉妒那隻飛得快的。

一次，飛得慢的老鷹對獵人說：「前面有隻飛得很快的鷹，你快去用箭射死牠。」

獵人說：「可以，只是我的箭上缺少一根羽毛，能不能拔下你身上的一根？」

飛得慢的老鷹說：「沒問題！」牠拔下一根羽毛丟給獵人，但獵人沒能射中飛得快的那隻老鷹。

獵人說：「再拔一根如何？」

飛得慢的老鷹說：「好！」又拔了一根，獵人仍舊沒射中。

就這樣，一箭一箭地射去，鷹毛也一根一根地拔下，最後，飛得慢的老鷹身上的羽毛都被拔完了，無法再飛，最終成了獵人的獵物。

嫉妒之心會扭曲人的心靈，改變人的心態。嫉妒嚴重時，人會費盡心思地算計別人，千方百計地擠兌別人，用盡心機地迫害別人。嫉妒之心會讓他不擇手段，心靈會變得骯髒不堪，看到別人比自己好，內心就不平衡，彷彿有千萬條罪惡的蟲子在撕咬一般難受。漸漸地，嫉妒之心就會變成罪惡之心，人們會因爲嫉妒而失去本該有的善良，變得像魔鬼一樣可怕。

一些人之所以嫉妒別人，一個重要的原因是自己不求上進，又怕別人超過自己，似乎別人的成功就意味著自己的失敗，最好大家都成矮子才能顯出自己的高大。

嫉妒心是一種十分有害的腐蝕劑，這些人的骨子裡充滿了「怠」與「忌」，對己、對他人、對社會的發展都是十分有害的，正如荀子所說：「士有妒友，則賢交不親；君有妒臣，則賢人不至。」

莎士比亞說過：「您要留心嫉妒啊，那是一個綠眼的妖魔！」嫉妒是損人不利己或者損人又損己的惡魔，我們必須時刻防止自己心中的妒意抬頭，注意克服嫉妒之心，使自己不至成爲妒性操縱下的害人者和被害者。

當嫉妒心理萌發時，我們要正確認識自己，客觀、冷靜地分析自己的不足和別人的長處，找出差距和問題，從而積極主動地調整自己的意識和行爲。

5 吃飯時好好吃飯；睡覺時好好睡覺

現代人背負著各種壓力，不是憂慮就是煩惱，整日浮躁不堪，不僅影響我們平靜的思考，也失去了生活的樂趣。

想要從這樣的狀態中走出來，就要放開胸懷，靜下心來，享受生活的原味。

一天，有源禪師去拜訪大珠慧海禪師，請教修道用功的方法。

他問慧海禪師：「和尚，您也用功修道嗎？」

禪師回答：「用功！」

有源又問：「怎樣用功呢？」

禪師回答：「餓了就吃飯，睏了就睡覺。」

有源不解地問道：「如果這樣就是用功，那豈不是所有人都和禪師一樣用功了？」

禪師說：「當然不一樣了！」

有源又問：「怎麼不一樣？不都是吃飯、睡覺嗎？」

禪師說：「一般人吃飯時不好好吃飯，有種種思量；睡覺時不好好睡覺，有千般妄想。我和他們當然不一樣。」

的確，我們經常思前想後、輾轉難眠，醒時害怕失眠，眠時害怕噩夢纏身，總是心神不寧，寢食難安，每日愁眉苦臉，惶惶不可終日。

正如慧海禪師所說，用功之道在於「饑來吃飯，睏來即眠」，只是我們常常「吃飯時不肯吃飯，百種思索；睡覺時不肯睡覺，千般計較」。

有一個小和尚，因為師兄師弟們老是說他的閒話，他為此感到非常苦惱。念經的時候，他的心還在那些閒話上，而不是所念的經文上。

這天，他實在無法忍受，就跑去找師父告狀：「師父，師兄弟們老說我的閒話。」

「是你自己老說閒話。」師父雙目微閉，緩緩說道。

「他們多管閒事。」小和尚不服地辯解。

「不是他們多管閒事，是你自己多管閒事。」師父仍然沒有睜開眼睛，平靜地說道。

小和尚又說：「他們瞎操閒心。」

師父說：「不是他們瞎操閒心，是你自己瞎操閒心。」

「我管的都是自己的事啊！師父為什麼這麼說我呢？」

「操閒心、管閒事、說閒話，那是別人的事，別人說別人的，與你何干？而你不好好念經，老想著別人操閒心，難道不是你自己在操閒心嗎？老管別人說閒話的事，難道不是你自己在管閒事嗎？老說別人說閒話，難道不也是你自己在說閒話嗎？」

師父話音未落，小和尚已經茅塞頓開。

古人說：「知事少時煩惱少，識人多時是非多。」凡是對清淨心有妨礙者，都要遠離。反之，心就迷了。我們阻擋不了別人的閒言碎語，但可以對這些閒話採取豁達和漠視的態度，這樣，我們的生活便能輕鬆自如。

6 命裡有時終須有，命裡無時莫強求

我們常說，命裡有時終須有，命裡無時莫強求，但事到臨頭，我們不是倒向「莫強求」的消極念頭，就是倒向「不鬆手」的執著頑固。

從前，在一片茫茫沙漠中有一個小村子，村中的人們守著一片綠洲過了幾千年。偶爾，當沙漠中風沙四起，或者綠洲乾涸時，村裡的人便會遭受巨大的折磨。

一代又一代人抱怨著上天的不公平，卻從未嘗試從這裡走出去，他們一直留在原地，並且固執地相信這片沙漠是走不出去的。

有一天，村子裡來了一位雲遊四方的老禪師，人們圍住他勸他不要再繼續往前走了，他們說：「這片沙漠是走不出去的，我們祖祖輩輩都在這裡，你就不要再去冒險了！」

老禪師問：「你們在這裡生活得幸福嗎？」

村民們說：「雖然環境有些險惡，但也沒有什麼不可忍受的。沒有幸福，也沒有不幸福。」

老禪師又問：「那麼你們有沒有嘗試走出這片沙漠呢？你們看，我不是走進來了嗎？那就一定能走出去！」

村民們反問：「為什麼要走出去呢？」老禪師搖搖頭，拄著拐杖繼續上路。他白天休息，晚上看著北斗星趕路。三天三夜之後，他走出了村民們幾千年也沒有走出的沙漠。

村民們接受了命運的安排，默默地承受著惡劣環境的折磨，甚至沒有動過改變這種現實的念頭，幾千年來日復一日地過著相同的日子。「哀其不幸，怒其不爭」，老禪師之所以搖頭也正是爲此。

正如弘一大師勸解世人時所說的那樣：「世界上，根本沒有過不去的事，只有過不去的心。」有時候，過不去的心表現爲不去努力爭取本來可以做到的事，而是隨波逐流，空耗餘生；還有時候，過不去的心表現爲不願意放棄我們曾經擁有的東西，比如財富、愛情……

塵世間的一切，都是無數因緣聚合而成的，我們既要有追求的勇氣，也要有懂得放手的睿智。當你碰到突如其來的災難時，如果已成事實，那就坦然、從容地接受它。接受現實並不等於束手接受所有的不幸，只要有任何可以挽救的機會，我們就應該奮鬥。

Part 3

/精神極簡/

給虛胖的欲望瘦瘦身

第七章 你的身邊是「貴人」還是「跪人」？

1 往「比你高」的人身邊站

成功是一個磁場，失敗也是。一個人生活的環境，對他樹立理想和取得成就有著重要的影響。周圍的環境是愉快的還是不和諧的，身邊有沒有貴人經常激勵你，常常關係到你的前途。

所以，要想「抬高」自己的價值，就必須往「比我們高」的人身邊站。

談到「股神」巴菲特，人們總是津津樂道於他獨特的眼光、獨到的價值理念和不敗的投資經歷。其實，巴菲特的成功除了得益於他的投資天分，也和他有意識地尋找貴人分不開。

巴菲特原本在賓夕法尼亞大學攻讀財務和商業管理，在得知兩位著名的證券分析師——班傑明．格雷厄姆和大衛．多德任教於哥倫比亞商學院後，他便輾轉來到哥倫比亞大學，成為「金融教父」班傑明．格雷厄姆的得意門生。

大學畢業後，為了繼續跟隨格雷厄姆學習投資，巴菲特願意不拿報酬，直到將老師的投資精髓學到後，他才出道開辦自己的投資公司。

要有主動尋找貴人的智慧，更要具備得貴人相助的才能。想要通往財富之路的你，學學巴菲特的「尋貴」精神吧！在接觸和尋找的過程中，要遵守以下原則。

● 放下自卑，主動出擊

貴人不會自己走到你身邊來，你需要積極主動地去尋找貴人、接近貴人。可能你會想，自己既沒有錢，又沒有權，才能一般，相貌普通，怎麼才能走到貴人身邊呢？

放下自己的那點自卑，主動去接近貴人！沒有人會拒絕對自己有好感的人，所以，只要你禮儀周到、不卑不亢，有自己的風格，有獨立的人格，貴人就不會拒絕與你結交。要知道，那些貴人比普通人更需要真誠的朋友。他們已經有足夠多的諂媚討好者了，所以，你只要有最起碼的尊重和禮貌，有對對方最真誠的認可和崇拜，你們一定會有不錯的交流。

● 積極參與社交

結交貴人，在自己的人脈網上放幾張大牌，有一個重要的前提，就是要認識更多的人。如果我們每天只活在既定的圈子裡，那麼你這個圈子裡的貴人肯定寥寥無幾。只有拓寬交往管道，積極參與社交活動，擴充人脈網路，你才能有更多的機會去認識貴人、結交貴人，進而獲得貴人的幫助。

當然，很多人說，面對一些陌生的面孔，心裡會很緊張，而且在那種場合往往覺得自己很卑微。在陌生的環境中，不舒適的感覺當然會有，但「一回生，兩回熟」，打起精神來，度過你的恐懼期，你一定會成爲新的社交圈裡的常客。

2 不能向敵人說的話，也不能向朋友說

哲學家叔本華說：「不能向敵人說的話，也不能向朋友說。」很多人都有被人出賣的經驗，這個人可能是你的合夥人、同事、朋友，甚至親

人。有時，越是親密的關係，出賣的情況越有可能發生，就連耶穌也未能逃脫被門徒出賣的命運。

常言說得好，害人之心不可有，防人之心不可無。要提防那些只顧個人利益而忽視集體利益的人，不要被其利用或傷害。除了謹慎選擇朋友之外，還要注意謹言慎行。說者無意，聽者有心，也許你不經意的話語會被別人拿來當作話柄或話題，一有機會，便會將你出賣。所以，還是離這種人遠些的好。

3 酒肉朋友不過是路人甲

酒肉朋友再多也無益處，無非吃喝玩樂，遇到難事，這樣的人根本不會幫你。

有一類人，每天遊走於各類酒場，交著不同的朋友，朋友數量越來越大，而真正「沉澱」下來的卻沒有幾個。等真正需要幫助的時候，把電話號碼簿從頭翻到尾，竟然一個可以幫上忙的朋友也找不出來，這就是酒肉朋友的悲哀。

結交酒肉朋友就像超速行駛在高速公路上，超速行駛的車子也許遇到一丁點狀況都可能車毀人亡。

友誼需要經營，但不用刻意追求，否則你認定的酒肉朋友因某事達不到你的期望值時，你將會因此而痛苦不堪。所以，切不可以結交酒肉朋友爲榮，更不要以之爲交友準則。

每個人都希望朋友能夠在危難之刻對自己不離不棄，而不是一遇危險便鳥飛獸散。「朋友」是一個美好的字眼，請不要讓酒肉之交玷污了朋友的真諦，那樣的人並不是你的朋友，只不過是結伴娛樂的過路人罷了。

4 打人莫打臉，說話莫揭短

在人與人之間產生衝突的最基本原因，除了利益之外，就是面子問題。不給別人面子就等於傷別人自尊，親密朋友甚至可能因此反目成仇。所以，無論何時，我們都要維護別人的面子，「打人莫打臉，說話莫揭短」。

史坦恩梅茲在電器方面是個天才，他在擔任通用公司電器部門的主管時，把部門管理得井井有條，公司的銷售額不斷上升。不久，他被升任為通用公司電腦部門的主管。

然而，這一次他卻遭到了徹底的失敗。看著電腦部門糟糕的業績，通用高層領導心急如焚，但他們不願對史坦恩梅茲有所冒犯，畢竟他為公司做出了貢獻，而且，公司絕對不能缺少這樣一個人才。

通過最後的協商，他們想到了一個絕妙的辦法，既能讓敏感而又自尊心極強的史坦恩梅茲愉快地接受工作調動，又不會對他的自尊心造成什麼打擊。

通用公司下了一紙命令，決定在公司內部成立一個新的部門——通用電器公司顧問部。史坦恩梅茲擔任「顧問總工程師」，並且兼任部門主管，史坦恩梅茲對這一調動很高興，他愉快地接受了這一任務。

每個人都有自尊心，都不願在別人面前丟面子，所以，要想說服別人，就必須針對這一實際狀況採取辦法，在交際中留有餘地，不要把話說得太絕。

洛克菲勒是美國石油大王，他曾經有一位同事名叫貝特福特，他既是洛克菲勒的合作者，也是他的下級。

有一次，貝特福特獨自負責一樁南美的生意，但他非常不幸地失敗了，而且輸得特別慘。貝特福特自認為實在沒臉再見洛克菲勒，他猜測下一次再開董事會時，洛克菲勒一定會毫不客氣地批評他，為此，他的心一直緊繃著。

這天，公司的董事會如期召開。貝特福特硬著頭皮來到會議室，他等著洛克菲勒的批評，而且已經做好了充分的心理準備。

洛克菲勒開始講話：「貝特福特先生。」

貝特福特心裡一陣發緊，他最擔心的事情還是不可避免地發生了。

「首先，我可以肯定你在南美確實做了一件不成功的事情。但是，」洛克菲勒的語氣變得親切、緩和，「大家知道你已經盡力了，雖然這次失敗了，但我相信在這件事情上沒有人會比你做得更好，而且我們也正計畫讓你重整旗鼓。」

聽到這一番話，貝特福特備感溫暖，先前的抑鬱一掃而光，他又重新找到了自信。在董事會上，洛克菲勒沒有讓他難堪，這讓他非常感激。

一天中午，查理斯．施瓦布路過煉鋼車間，發現有幾個工人在抽菸，而在他們的頭上就掛著一塊寫有「嚴禁吸菸」字樣的牌子。

這位老闆會怎麼教訓他的夥計呢？痛斥一頓嗎？不，老闆深諳批評之道。他走到這些人面前，遞給每個人一支雪茄，說：「年輕人，如果你們願意到別處去抽，我會很感謝你們的。」

工人們原以為會招來一頓斥責，結果老闆不僅沒有責罵他們，還送了每人一支雪茄。老闆顧及他們面子的做法讓他們感到慚愧。自此，他們對自己的上司更加敬重了。

在我們身邊，即使是被大多數人認爲「無用」的人，也有自己的長處。他或許比別人差一點，卻在某一方面潛藏著特長；他或許比別人笨拙，卻也因此比別人更勤奮賣力。所以，不管對誰，都不能表現出嫌棄的態度，更不能傷到他的面子。

每個人都會因爲面子而與別人發生衝突，這是因爲每個人都很在乎它。因此，在說服別人的時候，你也要儘量保全對方的顏面，只有這樣，說服才有可能獲得成功。就像在職場中，你想要改變同事已公開宣佈的立場，首先要做的就是儘量顧全他的面子，使對方不至於背上出爾反爾的包袱。

5 永遠讓對方感覺到他的重要性

有個心理學家曾經說過，每個人的心裡都有一個無意識的標籤，就是希望別人尊重自己，感覺到自己的重要性。如果在有求於人或者與人溝通的時候懂得無形之間讓對方感受到自己的重要性，那麼，對方就會覺得自己受到了尊重，這樣，談起事情來就會順利很多。

第一次世界大戰戰況十分慘烈，美國政府迫切需要看到和平的曙光，威爾遜決心為此而努力。他準備派遣一位私人代表作為和平特使，與歐洲軍方進行協商、合作。

國務卿勃萊恩一貫主張和平，而且他知道這是名垂青史的最好機會，所以他非常希望自己能夠被威爾遜選中。但威爾遜卻委派了他的好朋友赫斯上校。

赫斯上校當然感到萬分榮幸。但將這一消息告知勃萊恩又不觸及他的自尊，卻是一件十分棘手的事。

「當聽說我要去歐洲做和平特使時，勃萊恩顯然十分失望，他說他曾打算去做這份工作。」赫斯上校在日記中這樣寫道，「我回答說，總統認為其他人正式地去做這件事不大適宜，而派你去，則目標太大，容易引起注意，會有太多猜疑，為什麼國務卿要到那裡去？」

從赫斯上校的話中，我們可以聽出一些弦外之音，他等於是在告訴勃萊恩，他太重要了，不適宜親自去做這一工作。就是這簡單的一句話，使勃萊恩的虛榮心獲得了滿足。

赫斯上校十分精明，他在處理這一事件的過程中遵守了人際關係中的一個重要準則：滿足他人的虛榮心，永遠使對方覺得自己很重要。

在社交關係中，獲得尊重既是一個人名譽地位的顯示，也是對他的品行、學識、才華的認可。無論是年長者還是年輕者、位尊者還是位卑者，每個人都期望別人能尊重自己。

拿破崙稱帝時，他是如何安撫那些爲他出生入死的將士的呢？據說，他一共頒發了一千五百枚徽章給他的將士，賜封他的十八位將軍爲「法國大將」，稱他的部隊爲「王牌軍」。

有人批評這是拿破崙給老練的精兵的一些「玩物」，而拿破崙回答說：「人們本來就是被玩物所左右的。」

心理學家馬斯洛認爲，每個人都希望自己的能力和成就能得到社會的承認，這就是尊重的需要。它又可分爲內部尊重和外部尊重。內部尊重是指一個人希望在各種不同情境中有實力、能勝任、充滿信心、能獨立自主。

其實，內部尊重就是人的自尊。外部尊重則是指一個人希望有地位、有威信，受到別人的尊重、信賴和高度評價。所以，當你讓對方感覺到他非常重要，給了他充分的尊重後，他會感覺很舒適，從而更容易接納你，幫助你實現你的目標。

在大選來臨之前，柴契爾夫人所在的保守黨面臨著一個難題——如何制止頹勢？柴契爾夫人的解決辦法最令人信服，她說：「我們只有一個辦法，走出去，到選民中去，這樣才能最終獲勝。」

保守黨的工作人員認為，和柴契爾夫人在一起搞競選實在太累了，因為她總是在大街上東奔西跑，走家串戶，一會兒在這家坐會兒，同房東交談；一會兒又同那個握握手，或向坐著扶手椅的人問長問短；一會兒又到商店詢問價格。

大部分時間，她都帶著秘書戴安娜跑來跑去。午飯時，她們就到小酒店和新聞發言人羅伊・蘭斯頓以及委員會的其他成員一起喝啤酒。然後，她又去握更多的手，接見更多人。這樣，柴契爾夫人身體力行地贏得了越來越多的擁護者，為競選成功打下了堅實的群眾基礎。

柴契爾夫人爲之所以能在大選中獲得最終的勝利，就是因爲她敏銳地捕捉到了尊重他人的重要性，尤其是對選舉至關重要又曾被人忽視的普通選民。柴契爾夫人對他們發自內心的尊重，爲她贏得了民眾的善意和支持。

因此，在社交過程中，我們必須時刻提醒自己：永遠讓對方感覺到他的重要性，這樣他才會助你實現目標。

6 雪中送炭勝過錦上添花

人的一生不可能總是一帆風順，難免會碰到失利受挫或面臨困境的情況，這時候最需要的就是別人的幫助，這種雪中送炭般的幫助會讓人記憶一生。

在三國爭霸之前，周瑜並不得意。他曾在軍閥袁術部下為官，被袁術任命做過一回小小的居巢長。

當時，地方上發生了饑荒，兵亂間又損失很多，糧食問題變得日漸嚴峻起來。居巢的百姓很多人被活活餓死，軍隊也餓得失去了戰鬥力。周瑜作為地方的父母官，看到這悲慘情形急得心慌意亂，卻不知如何是好。

這時，有人向他獻計，說附近有個樂善好施的財主叫魯肅，他家素來富裕，想必一定囤積了不少糧食，不如去向他借。於是，周瑜帶上人馬登門拜訪魯肅。

寒暄完畢，周瑜就開門見山地說：「不瞞老兄，小弟此次造訪，是想借點糧食。」

魯肅一看周瑜丰神俊朗，顯而易見是個才子，日後必成大器，頓時生出了愛才之心。

他根本不在乎周瑜現在只是個小小的居巢長，哈哈大笑說：「此乃區區小事，我答應就是。」

魯肅親自帶著周瑜去查看糧倉，這時魯家存有兩倉糧食，各三千斛，魯肅痛快地說：「別提什麼借不借的，我把其中一倉送給你好了。」

周瑜及其手下一聽他如此慷慨大方都愣住了，要知道，在如此饑荒之年，糧食就是生命！周瑜被魯肅的言行深深感動，兩人當下就結成了朋友。

後來，周瑜受到孫權重用，當上了將軍。他牢記魯肅的恩德，將他推薦給了孫權，魯肅終於得到了幹事業的機會。

魯肅在周瑜最需要糧食的時候送給了他一倉，這就是所謂的雪中送炭。在生活中，很多人總是在別人不是很需要的時候拉上一把，卻沒想到，錦上添花遠不如雪中送炭。當他人口乾舌燥之時，你奉上一杯清水，這勝過九天甘露；大雨過後，天氣放晴，你再送他人雨傘，又有什麼意義呢？

晉代有一個人叫荀巨伯，有一次他去探望臥病在床的朋友，當時恰好敵軍攻破城池，燒殺擄掠，百姓紛紛四散逃難。

朋友勸荀巨伯：「我病得很重，走不動，活不了幾天了，你自己趕快逃命去吧！」

荀巨伯卻不肯走，他說：「你把我看成什麼人了，我遠道趕來，就是為了來看你，現在，敵軍進城，你又病著，我怎麼能扔下你不管呢？」說著，便轉身給朋友熬藥去了。

朋友百般苦求，叫他快走，荀巨伯卻專心給他端藥倒水，並安慰他說：「你就安心養病吧，不要管我，天塌下來我替你頂著！」

這時，只聽見「砰」的一聲，門被踢開了，幾個凶神惡煞般的士兵衝了進來，衝著他喝道：「你是什麼人，如此大膽，全城人都跑光了，你為什麼不跑？」

荀巨伯指著躺在床上的朋友說：「我的朋友病得很重，我不能丟下他獨自逃命。」並正氣凜然地說：「請你們別驚嚇了我的朋友，有事找我好了。即使要我替朋友而死，我也絕不皺眉頭！」

聽著荀巨伯的慷慨言語，看著荀巨伯的無畏態度，敵軍士兵很是感動，說：「想不到這裡的人如此高尚，怎麼好意思侵害他們呢？走吧！」之後，敵軍便撤走了。

饑餓時送一根蘿蔔和富貴時送一座金山，就其內心感受來說是完全不一樣的，我們要做的不是在別人富有時送他一座金山，而是要在他落難時送他一杯水、一碗麵、一盆火。雪中送炭才能顯示出人性的偉大，才能顯示出友誼的深厚。

7 給人留餘地，就是給自己留後路

生活中，我們每個人都與社會有千絲萬縷的聯繫，所以凡事都不要做得太絕，給人留餘地就是在給自己留後路。

有一天，狼發現山腳下有個洞，各種動物都由此通過。狼非常高興，牠想，守住山洞就可以捕獲到各種獵物，於是牠堵上了洞的另一端，坐等動物們來送死。

第一天，來了一隻羊，狼追上前去，羊拼命地逃。突然，羊找到了一個可以逃生的小洞，從小洞倉皇逃出，狼氣急敗壞地堵上了這個小洞。

第二天，來了一隻兔子，狼奮力追捕，結果，兔子從洞側面的更小一點的洞鑽了出去。這一次，狼把類似大小的洞全堵上了。狼心想：這下應該萬無一失了，別說羊，與兔子大小接近的狐狸、雞、鴨等小動物也都跑不了。

第三天，來了一隻松鼠，狼飛奔過去，追得松鼠上躥下跳。最終，松鼠從洞頂上的一個小道跑掉了。狼非常氣憤，於是，牠堵塞了山洞裡的所有窟窿，把整個山洞堵得水泄不通。狼對自己的措施非常得意。

第四天，來了一隻老虎，狼嚇壞了，拔腿就跑，老虎窮追不捨。狼在山洞裡跑來跑去，由於沒有出口，無法逃脫，最終，這隻狼被老虎吃掉了。

對這一案例，各界人士說法不一。

哲學家說：絕對化意味著謬誤。

宗教家說：堵塞別人生路意味著斷自己的退路。

環境學家說：破壞原生態平衡者必自食其果。

經濟學家說：預算和計畫都要留有餘地。

軍事家說：除非你是百獸之王，否則，別想佔有整個森林。

法學家說：凡規則皆有例外，惡法非法。

政治學家說：絕對的權力導致絕對的腐敗，絕對的腐敗必然導致徹底的失敗。

漁民說：這次一網打盡，下一網打什麼？

農民說：不留種子就會絕種絕收。

總之，人的生存與發展，依賴於千絲萬縷的社會關係，所以，無論做什麼事都不要做得太絕，得爲自己留一條後路。

在人與人的交往中，也有一些人爲了追求個人利益而對別人不管不顧，甚至在別人身處逆境時落井下石，這樣的做法是極其愚蠢的。一個人再成功，也不能保證自己就沒有倒楣的時候，把事情做絕了，到時誰又會向你伸出援手呢？

在一個茫茫沙漠的兩邊，有兩個村莊。從一個村莊到另一個村莊，如果繞過沙漠走，至少需要馬不停蹄地走上二十多天；如果橫穿沙漠，只需要三天就能抵達。但橫穿沙漠實在太危險了，許多人試圖橫穿沙漠，結果無一生還。

有一天，一位智者經過這裡，讓村裡人找來了幾萬株胡楊樹苗，每半裡一棵，從這個村莊一直栽到了沙漠那端的村莊。

智者告訴大家說：「如果這些胡楊有幸成活，你們可以沿著胡楊樹來來往往；如果沒有成活，那麼每一個走路的人經過時，要將枯樹苗拔一拔，插一插，以免被流沙淹沒。」

果然，這些胡楊苗栽進沙漠後，很快就全部被烈日烤死了，成了路標。沿著「路標」，大家平平安安地在這條路上走了幾十年。

有一年夏天，村裡來了一個僧人，他堅持要一個人到對面的村莊去化緣。大家告訴他說：「你經過沙漠之路的時候，遇到要倒的路標一定要向下再插深些；遇到要被淹沒的路標，一定要將它向上拔一拔。」

僧人點頭答應了，然後就帶了一皮袋水和一些乾糧上路了。他走啊走，走得兩腿酸累，渾身乏力，一雙草鞋都被磨穿了，但眼前依舊是茫茫黃沙。遇到一些就要被塵沙徹底淹沒的路標，這個僧人想：「反正我就走這一次，淹沒就淹沒吧。」

他沒有伸出手去將這些路標向上拔一拔。遇到一些被風暴捲得搖搖欲倒的路標，他也沒有伸出手去將這些路標向下插一插。

就在僧人走到沙漠深處時，寂靜的沙漠突然飛沙走石，有些路標被淹沒在厚厚的流沙裡，有些路標被風暴卷走了，沒了蹤影。

這個僧人像沒頭蒼蠅似的東奔西走，卻怎麼也走不出這個大沙漠。在氣息奄奄的那一刻，僧人十分懊悔：如果自己能按照大家吩咐的那樣做，即便沒有了進路，還可以擁有一條平平安安的退路。

是的，給別人留路，其實就是給我們自己留路。善待他人，關愛他人，實際上就是善待自己，關愛自己。

在前進的路上，搬開別人腳下的絆腳石，有時恰恰是爲自己鋪路。所以，一個高明的人往往是個心胸寬廣的人，缺乏智慧的人才會得饒人處不饒人，最終斷絕自己的後路。

第八章 當你的才華還撐不起你的夢想時

1 三思為妙，一忍最高

生活中，很多人經常會爲了一點很小的事情而怒容滿面，甚至與人大打出手，這是欲成大事者的大忌。憤怒情緒是一種心理病毒，克制憤怒是人生的必修課，那些怒火橫衝直撞而不加抑制的人是難成大器的。

明神宗時，曾官至戶部尚書的李三才可以說是一位好官。當時他曾經極力主張罷除天下礦稅，減輕民眾負擔。而且，他嫉惡如仇，不願與那些貪官同流合污。但是，他在「忍」上的造詣卻太差。

有次上朝，他居然對明神宗說：「皇上愛財，也該讓老百姓得到溫飽，皇上為了私利而盤剝百姓，有害國家之本，這樣做是不行的。」李三才毫不掩飾自己的憤怒，直言不諱地指責皇帝的行為激怒了明神宗，他也因此被罷了官。

後來，李三才東山再起，有許多朋友都勸他說：「你嫉惡如仇，恨不得把奸人剷除，也不能將喜怒都掛在臉上，讓人一看便知啊。和小人對抗不能只憑憤怒，你應該巧妙行事。」

對此，李三才卻不以為然，反而認為那樣做是可恥的，他說：「我就是這樣，和小人沒有必要和和氣氣的。小人都是欺軟怕硬的傢伙，要讓他們知道我的厲害。」沒過多久，李三才又被罷官了。

回到老家後，李三才的麻煩還是不斷。朝中奸臣擔心他再被重新起用，於是繼續攻擊他，想把他徹底打垮。御史劉光復誣陷他盜竊皇木，營建私宅，還一口咬定李三才勾結朝官，任用私人，應該嚴加治罪。李三才憤怒異常，不停地寫奏書為自己辯護，揭露奸臣們的陰謀。

他對皇上也有怨氣，居然毫不掩飾憤怒的情緒，對皇上說：「我這個人是忠是奸，皇上應該知道。皇上不能只聽讒言。如果是這樣，皇上就對我有失公平了，而得意的是奸賊。」

最後，明神宗再也受不了他，下旨奪去了先前給他的一切封賞。

古人常說「喜怒不形於色」，李三才卻不明白這一點，總是不分場合、不分對象地隨意發怒，自然只能產生失敗的後果。

有一個傲氣十足的富商腆著個大肚子來到寺院，站在財神面前說：「你有什麼？還不是依靠我的貢品，你才能活下去？」

禪師聽到後很生氣，就把富商帶到窗前說：「向外看，告訴我，你看到了什麼？」

「看到了許多人。」富商說。

禪師又把他帶到一面鏡子前，問道：「你看到了什麼？」

「只看見我自己。」富商回答。

禪師說：「玻璃鏡和玻璃窗的區別只在於那一層薄薄的銀子，這一點點可憐的銀子，就叫有的人只看見他自己，而看不見別人了。」

富商面帶愧色地離去。

「事臨頭，三思為妙，一忍最高。」你應當時時提醒自己，並有意識地控制自己情緒的波動，千萬不要動不動就指責別人，喜怒無常。改掉這些壞毛病，努力使自己成為一個容易接受別人和被人接受、性格隨和的人，這樣的人更容易成功。

即使自己智慧圓融，也應含蓄謙虛，像稻穗一樣，米粒越飽滿，垂得越低。真正的智慧人生，必定要有誠意謙虛的態度。有智慧才能分辨善惡邪正，有謙虛才能建立美滿人生。

做事一定要秉持「正」與「誠」的原則；而待人則要有「寬」與「忍」的態度，要以超然的形態、寬大的心胸來容納別人。真正的聖人，既剛強又柔韌，他的強是柔中帶剛，剛中帶柔。柔能調服眾生，剛能堅強己志。

競爭孕育了傷害的因子。只要有競爭，就有上下之別、前後之分、得失之念、取捨之難，世事也就不得安寧了。不爭的人才能看清事實，爭了就亂了，亂了就犯了，犯了就敗了。

很多人總是念叨著「人爭一口氣」，其實，真正有修養的人會把這口氣咽下去。培養好自己的氣質，不要爭面子，爭來的是假的，養來的才是真的。

2 想一步登天，成功會跑得比你更快

人的成長需要一個過程，這個過程不是任何文憑、學位、身分、背景可以縮短或替代的，否則，你的人生就會出現斷層，成爲空中樓閣。

「沒有人能隨隨便便成功」，這是一句歌詞，也是一條真理。「隨便」是指空想、浮躁，只有去掉這些，發揚務實的精神，萬丈高樓才能拔地而起。初入社會是一個人的品質和生涯定格的時期，如果你能在這個時期樹立起務實的精神，扎扎實實地練就基本功，還有什麼能阻礙你成功呢？

即使自身具備再優越的條件，一次也只能腳踏實地地邁一步，這是

十分簡單的道理。然而，很多初入社會的年輕人卻把這麼簡單的道理忘記了。他們總想一步登天，恨不得第二天一覺醒來，搖身一變成為比爾・蓋茲一樣的成功人物。

他們對小的成功看不上眼，認為憑自己的條件做基層的工作簡直是大材小用。他們有遠大的理想，但又缺乏踏實的精神，最終只能四處碰壁。

任何一個人的成功都不是靠空想得來的，只有踏踏實實一步一個腳印地去嘗試、去體驗，才能最終取得成功。不管你擁有多麼知名學府的畢業證書，也不管你會獲得多少獎勵，你都不可能在踏出校門的第一天就獲得百萬年薪，開上跑車，這些都需要你踏踏實實地去幹，去爭取。如果你不能改掉眼高手低的壞毛病，那麼，不但初入社會時會遭遇挫折，以後的社會旅程也將佈滿荊棘。

要想獲得事業的成功，就要先去掉身上的浮躁之氣，培養務實的精神，扎扎實實打好基礎。基礎打好了，你事業的大廈才可能拔地而起。

戒掉浮躁之氣並不困難，只需把自己看得笨拙一些，這樣，你就能很容易放下什麼都懂的假面具，有勇氣袒露自己的無知，毫不忸怩地表示自己的疑惑，不再自命不凡、自高自大。這有利於你更快更好地掌握處理業務的技巧，提高自己的能力，還能給上司和同事留下勤學好問、嚴謹認真的好印象。

擁有笨拙精神的人，可以很容易地控制自己心中的激情，不會設定高不可攀、不切實際的目標，不會憑著僥倖去瞎碰，也不會爲了瀟灑而放縱，而是認認真真地走好每一步，踏踏實實地用好每一分鐘，甘於從不起眼的小事做起，並能時時看到自己的差距。

認真扎實地去做基礎工作，是培養務實精神的關鍵。越是別人不屑去做的工作，你越要做好。工作能力是有層級的，只有從基礎做起，處理好小事，才能打好根基，培養起處理大事的能力。

你還要保持一顆平常心，坦然地去面對一切。小有成就，不要太得意；遇到挫折，也不要消極失望。「不以物喜，不以己悲」的心態，會使你更加關注自己的工作，並集中精力做好它。

此外，還要切忌急於求成。事業的成功需要一個水到渠成的過程，急於求成可能會導致功敗垂成。不管你以後從事哪一行哪一業，成功都自有其既定的路徑和程序，一步一步地來，成功自然會在不遠的地方等著你。想一步登天，成功就會跑得比你更快，讓你永遠都追不上。

3 才高者更要內斂

哲學家老子認為，有智慧的人應該具備一種「大成若缺」「大盈若沖」「大直若屈」「大巧若拙」「大辯若訥」的內斂功夫：真正技術高明的人，總是看起來普普通通；真正辯才無礙的人，總是看起來木木訥訥，只有這樣才能夠在爲人處世上遊刃有餘，置危險於身外。

如此看來，有才能的人不一定幸福，因爲才能不僅能帶來榮耀，更可能導致災難。才能讓人羨慕，也讓人嫉妒。才能出眾如同樹大招風，心胸狹窄的無能之輩總是與有才能的人爲仇。因此，有才能的人更應懂得內斂的重要性，懂得如何去運用它。

唐代大詩人白居易才高八斗，剛直耿介。他在朝為官時，許多無才無德的小人都攻擊他。

一次，唐憲宗召見白居易，對他說：「你詩名很大，為人忠直，不像是個奸詐之人，可為什麼總有人彈劾你呢？」

白居易說：「皇上自有明斷，我說什麼也是無用的。不過依我看來，我和那幫人道不同不相為謀，一定是他們嫉恨我的才華忠直。否則，我和他們無冤無仇，他們為什麼會無端誣陷我呢？」

白居易自知難與小人為伍，卻不屑掩飾鋒芒，他對那些無能之輩常出口譏諷，絕不留半點情面。

一次，朝中一位大臣作了一首小詩，奉承他的人不在少數。白居易看過小詩，卻哈哈一笑，說：「如果說這是一首好詩，那麼天下人都會寫詩了。」

事後，白居易的一位朋友勸他說：「你身處官場，不應該當眾羞辱別人。你不是和朋友談詩論道，在朝堂上若講真話，人家只會更加恨你。」

白居易說：「我最看不慣不懂裝懂之人，本來我不想說，可還是壓抑不住啊。」

白居易自恃有才，說話辦事往往少了客氣。他對皇上也大膽進言，只要他認為不對的事，他就直言上諫，全不顧任何禁忌。

河東道節度使王鍔為了晉升，大肆搜括百姓，向朝廷獻上了很多財物，討得唐憲宗的歡心，憲宗打算升他的官。

朝中大臣都沒有意見，只有白居易站出來反對。唐憲宗生氣地說：「你是個才子，就該與眾不同嗎？你每次都和我唱反調，是何居心？」

皇上發怒了，嫉恨他的小人趁勢說他恃才傲物，目中無人。一時，白居易的處境岌岌可危。

大臣李絳同情白居易，勸他收斂鋒芒，說：「一個人如果因為才高招來八方責難，他就該把自己裝扮得平庸。你的見識雖深刻遠大，但不可顯示出來，你為什麼總也做不到呢？這也是為官之道，不可小看。」

最後，白居易還是因為上諫惹禍，被貶出了朝廷。

白居易的才能人所共知，他盡忠辦事，見解高明，卻不能建功，只因他的才能過於外露，優點反變成了缺點。

內斂，可以說是我們爲人處世的傳統方式。不以物喜，不以己悲，是一種內斂；智欲圓而行欲方，也算一種內斂；凡事不張揚，得意不忘形，富足時不驕矜，位卑或者貧窮時也不諂媚，更是一種內斂。

古代有個行當叫鏢師，鏢師身懷武功，在舞刀弄棒的年代，僅憑此道，遇人處事就可以勝人一籌。當著別人的面，劍拔弩張，趾高氣揚，甚至喜怒溢於言表，也自有底氣。可是，很多鏢師恰恰是內斂型的。

鏢師的對頭是強盜，但鏢師遇見強盜並非一定就是拳腳相加，而是低調行事，說行話，套交情，談潛規則，不到萬不得已時不動手。因為強中自有強中手，真打起來誰都未必佔便宜。強盜攔住鏢車，鏢局的人要抱拳拱手，打個招呼：當家的辛苦了！鏢師心裡明白，自己這碗飯就是因強盜而得，對方才是當家的。如果對方問：穿的誰家的衣？回答就是：穿的朋友的衣！又問：吃的誰家的飯？再答：吃的朋友的飯！

人家聽得高興，自己說的又是事實，兩下裡一暢快，就過去了。當然，這也是由於那個時候的強盜懂得內斂，自有一套道上的規矩，知道有些底線不可輕易破壞，破壞了就會失去立命之所。

如果古時候的強盜和鏢師都不知道內斂，上來就兵戈相見，那誰都無法吃好自己的「飯」。

做人處世，當謙虛謹慎，虛懷若谷，內斂而不張揚，即使你的才華在眾人之上，在必要的時候還是保留一些比較好。

古人云「君子泰而不驕，小人驕而不泰」，說的就是儀表、行爲上的差異。它告誡我們，在日常的生活、工作中，要時刻注意自己的言行舉止，懂得在謙虛中善學，懂得在內斂中進步，而不要不知天高地厚，擺出一副唯我獨尊、鋒芒畢露的驕姿傲態。

4 機關算盡太聰明，聰明反被聰明誤

生活中，有些人在做事前，總是先費盡心思地盤算著能不能偷工減料，能不能找到一些解決問題的小偏門，甚至不惜損害他人的利益來達到自己的目的。這些人總以爲自己很聰明，可事實證明，越是自作聰明的人，越會「聰明反被聰明誤」。

有些小聰明本無可厚非，但我們不應當將所有的希望、將事情的成敗都寄予「小聰明」上，更多的時候，我們需要的是腳踏實地地去做，去努力，而不是依靠投機取巧。

柏拉圖有一個得意弟子，他很聰明，總是能在很短的時間之內領會老師的意思；他很有潛力，總是能提出一些具有獨特視角的問題；他也很有理想，一直希望自己能夠成為像老師一樣偉大，甚至比老師還要博學的哲學家。但是，他常常自視聰慧，不願意在學識上多下工夫，自認為聰明能敵過他人的努力。

柏拉圖認為他還需要生活的歷練，需要更加刻苦。柏拉圖曾經語重心長地對這名學生說過一句話：「人的生活必須要有偉大理想的指引，但僅有偉大的理想而不願意腳踏實地，一步一個腳印地朝著理想奮進，那就不能稱為完美的生活。」

這名學生知道老師是在教導自己要腳踏實地，但他認為自己比別人聰明，總能用一些技巧輕易地解決問題，自己的理想也比別人的更加偉大，所以只要自己想做的，總能輕易地取得成功。

柏拉圖也相信這名學生能夠做出一番大事業，但他卻只看到大目標而不顧腳下道路的坎坷以及自身的缺點。柏拉圖一直想找一個合適的機會讓學生自己意識到他的這一缺點。

一天，柏拉圖看到他們前面不遠處有一個很大的土坑，這個土坑周圍還有一些雜草。其實，只要稍加注意就可以繞過這個土坑，但柏拉圖知道他的學生在趕路時經常不注意腳下。於是，他指著遠處的一個路標對學生說：「這就是我們今天行走的目標，我們兩個人今天進行一次行走比賽如何？」

學生欣然答應，然後他們就出發了。

學生正值青春年少，他步履輕盈，很快就走到了老師的前面，柏拉圖則在後面不緊不慢地跟著。柏拉圖看到學生已經離那個土坑很近了，他提醒學生「注意腳下的路」，而學生卻笑嘻嘻地說：

「老師，我想您應該提高您的速度了，您難道沒看到我比您更接近那個目標了嗎？」

他的話音剛落，柏拉圖就聽到「啊」的一聲叫喊，學生掉進了土坑裡，這個土坑雖然沒有讓人受重傷的危險，但它卻足以使掉下去的人無法獨自上來，所以，學生只能在坑裡等著老師過來幫他。

柏拉圖走了過來，他並沒有急著去拉學生，而是意味深長地說：「你現在還能看到前面的路標嗎？根據你的判斷，你說現在我們誰能更快到達目的地呢？」

聰明的學生已經完全領會了老師的意思，他滿臉羞愧地說：「我只顧著遠處的目標，卻沒走好腳下的每一步路，看來還是不如老師呀！」

一個人擁有聰明的頭腦是值得驕傲的，但聰明並不代表一切。聰明是天賦，是先天的優勢，但成功卻等於百分之一的天賦加上百分之九十九的汗水。倘若你比他人有天賦，那說明你比他人離成功更近，你有更多的資本走上成功的捷徑，但這並不代表成功。如果僅僅想要依靠聰明來成就一番事業，而不願意腳踏實地、勤奮努力地做事，那即使有再高的天賦也是無用的。

聰明也並不代表智慧。很多人在不同的方面都有些小聰明，但真正有大智慧的人卻寥寥無幾。

莎士比亞提醒我們，千萬不要自作聰明，變成「一條最容易上鉤的遊魚」，「用自己全副的本領」來「證明自己的愚笨」。

一個人如果把心思過多地用在小聰明上，他必定會沒有精力去開發和培植他的大智慧。聰明和智慧是兩個不同的概念，智慧有益無害，聰明益害參半，把握不好的小聰明則會貽害無窮。

擁有太多小聰明的人，往往都將小聰明用於追逐眼皮底下的急功近利，而看不到長遠的根本利益。相反，具有大智慧者很少會在眾人面前炫耀自己的聰明才智，更不會自作聰明地幹一些實際上愚蠢至極的事情。真正的聰明者不需要通過投機取巧來表現，自作聰明者常常反被自以爲是的小聰明所累。

從前有個小男孩，非常聰明，但在長久的誇獎聲中，他漸漸地開始偷懶，想靠投機取巧來獲得成功。

這天，小男孩有幸和上帝進行了一番對話。

小男孩問上帝：「一萬年對你來說有多長？」

上帝回答說：「像一分鐘。」

小男孩又問上帝：「一百萬元對你來說有多少？」

上帝回答說：「相當一元。」

小男孩對上帝說：「你能給我一元錢嗎？」

上帝回答說：「當然可以。請你稍候一分鐘。」

一位哲人說過：「投機取巧會導致盲目行事，腳踏實地則更容易成就未來。」

想要獲得成功，需要智慧，更需要腳踏實地地付出。人要站得牢，才能走得穩，投機取巧走捷徑或許能讓你得到一時的好處，但因爲沒有厚實的基礎，腳步太過於輕快，最終，你只會在長途跋涉中落後於別人。所以，如果你渴望獲得成功，就要實實在在地走好腳下的每一步。

「寶劍鋒從磨礪出，梅花香自苦寒來。」成功者的秘訣就在於他們能夠摒棄「投機取巧」的壞習慣，無視那些小聰明，用自己的努力開創屬於自己的輝煌。

「機關算盡太聰明，反誤了卿卿性命。」聰明是好事，但要用在適當的地方，才能顯示出其真正的價值。想投機取巧、不勞而獲，聰明只能把你帶入失敗的深淵。

5 你永遠不是最倒楣的那一個

有時候，倒楣會愛上你，跟你形影不離，你到哪裡它就跟到哪裡，你快被它逼瘋了，生活變得一團糟，你的心情就像「烏雲遮月」一樣陰暗。這時，你怎麼辦？你怎麼才能讓心情美好起來？記住，你永遠不是最倒楣的那一個。

曾經有個自認為很倒楣的人，叫哈威。哈威常為很多事情憂慮，覺得自己很倒楣，先是工作沒了，後來經商被騙破產了，花了七年時間才還清債務，妻子離他而去，孩子總是給他找麻煩……總之，沒有一件讓他高興的事。他覺得上天對自己太不公平，什麼倒楣事都讓他趕上了。可是，有一天哈威突然轉變，人變得樂觀，不再時時抱怨說自己如何倒楣了。

那是一九三四年的春天，哈威正在一條街道上無精打采地走著，一幕景象突然落到了他的眼裡，讓他備受觸動，決心改變。

他看見路對面走過來一個沒有腿的人，對方坐在一塊簡易的木板上，木板下面像溜冰鞋一樣裝了滑動的輪子，那個人兩手拿了木棍撐住地面往前滑，時刻注意躲閃過往的車輛和行人。

這人過街後，準備把自己挪到人行道上去，人行道比馬路高出幾英寸，正當他的小板子翹起來的時候，哈威正好與他四目相對。這人快活地說：「早上好，今天天氣真好，你覺得呢？」

哈威有點吃驚，他才發現自己原來其實是很幸運的，至少他還有兩條健康的腿，能活蹦亂跳，面對這樣一個勇敢面對生活的人，哈威為自己以前的自怨自艾感到羞愧，自己根本就算不上一個倒楣的人。

從此，哈威每天早起在刮鬍子的時候，都會看看貼在鏡子上的那句話：「別人騎馬我騎驢，回頭看看推車漢，比上不足，比下有餘。」總有人比自己更倒楣，自己沒有理由沮喪，生活其實很美好。

猶太人有句諺語：「假如你失去了一隻手，就慶幸自己還有另外一隻手；假如失去了兩隻手，就慶幸自己還活著；如果連命都沒了，就沒有什麼可煩惱的了。」當你覺得倒楣的時候，不妨換個角度看問題，看看自己還擁有什麼，這樣你會覺得自己還是很幸運的。當你遇到不開心的事時，想想那些比你更倒楣的人，他們比你更有資格唉聲嘆氣、自暴自棄。

仔細想想，你是不是還擁有其他的東西？比如有份自己喜歡的工作，有兩個可以訴苦的好友，還有健在的父母……擁有這些，你還有什麼不滿足的呢？

6 壓力是促使自己進步的最好動力

「壓力可載舟，也可覆舟」，它既有好的一面，也有壞的一面。如果我們能把壓力變成動力，那麼壓力就會變成蜜糖；如果我們把壓力憋在心裡，讓它無休止地折磨自己，那麼壓力就會變成砒霜。

其實，有壓力並不可怕，可怕的是我們把壓力憋在心裡，讓它變成心靈的枷鎖，如此，我們就會失去理智的判斷能力，失去激發潛能的自由。

壓力不僅僅只有破壞性力量，還有積極的促動力量。壓力能夠變成動力，這是物理學上的一條定理。

美洲虎是一種瀕臨滅絕的動物，世界上僅存十幾隻，其中秘魯動物園裡有一隻。秘魯人為了保護這隻美洲虎，不僅專門為牠建造了虎園，裡面有山有水，還有成群結隊的牛羊兔子供牠享用。奇怪的是，牠只吃管理員送來的肉食，經常臥在虎房裡，吃了睡，睡了吃。

有人說：「失去愛情的老虎，怎麼能有精神？」為此，動物園又定期從國外租來雌虎陪伴牠。然而，美洲虎最多陪「女友」出去走走，不久又回到虎房，還是打不起精神。

一位動物學家建議說：「虎是林中之王，園裡只放一群吃草的小動物，怎麼能引起牠的興趣呢？」

動物園裡的管理人員採納了專家的意見，放進了三隻豺狗。從此，美洲虎不再睡懶覺了，牠時而站在山頂引頸長嘯，時而衝下山來，雄赳赳地滿園巡邏，時而追逐豺狗挑釁。

美洲虎有了攻擊的對手，也就有了壓力，壓力使牠精神倍增，與以前大不一樣。

其實，我們的生活也是一樣。法國的維克多·格林尼亞，就是憑藉壓力激發出動力，獲得了諾貝爾化學獎。

格林尼亞生於富有之家，他從小生活奢侈，不務正業，人們都說他是個沒有出息的花花公子。

在一次宴會上，他對一位年輕貌美的女孩一見鍾情，想要與她親近，但這位女孩卻毫不留情地對他說：「請站遠點，我最討厭你這樣的花花公子。」

驕傲的格林尼亞有生以來第一次遭遇這樣的羞辱，這重重的一拳把昏睡不醒的格林尼亞打醒了。

從宴會上回來，他給家人留下一封書信：「請不要探詢我的下落，容我去刻苦學習，我相信自己將來會創造出一些成績。」

果然，他在八年後成了一位著名的化學家，時隔不久，又獲得諾貝爾化學獎。

後來，格林尼亞收到了一封信，信中只有一句話：「我永遠敬愛那些敢於戰勝自己的人。」寫信者正是宴會上那位美麗的女孩。

格林尼亞當眾受辱，洗刷恥辱的壓力促使他不斷努力去戰勝自我，後來終於獲得了榮譽，這就是物極必反，壓力變動力的結果。

人往往有惰性，因而只有在一定的壓力下，才能最大限度地引爆自身的潛能。

壓力是促使自己進步的最好動力。著名科學家貝弗里奇說過：「人們最出色的工作往往是在逆境中做出的，思想上的壓力，甚至肉體上的痛苦，都可能成爲精神的興奮劑。很多作家、畫家平時靈感難尋，但在交稿時間非常迫近或其他原因造成的壓力下，大腦裡卻容易湧現出靈感。」

創造學之父奧斯本也說過：「多數有創造力的人，其實都是在期限的逼迫下從事工作的……決定了期限，就會產生對失敗的恐懼感，因此，工作時加上情感力量，就會使得工作更加完美。」

當然，壓力也不能過大，如果壓力過大，就會把意志不堅的人給壓怕了，壓趴下了。適度的壓力不僅是行動的最好保障，而且常常能把潛能發揮到極致，創造出令人震驚的奇蹟。

7 忙是治療一切的解藥

「人之生也，與憂俱生。」莊子真是哲人睿語。大凡人生，總不免憂國憂民、憂親憂己。憂慮自有高下之分，「先天下之憂而憂」，即爲大憂大患，於強者並非致命的重斧，倒可能成爲催人奮發、造福民族的契機。有些憂慮卻讓人困擾身心，影響健康，苦不堪言。

「沒有時間去憂慮」，這是邱吉爾在戰事緊張、每天要工作十八個小時所說的話。當別人問他是否爲自己肩負的重任而憂慮時，邱吉爾說：「我太忙了，沒有時間去憂慮。」

能把憂慮趕走的方法，就是「讓自己忙碌」，這是一件簡單的事。在心理學上有一條最基本的定律：一心不能二用，人不可能激動地去想令人興奮的事，與此同時又陷入憂慮當中。

「讓自己忙碌」這句話，曾被醫生用來治療精神衰弱症。除睡覺的時間外，每一分鐘都讓這些在精神上受到打擊的人忙碌起來，比如釣魚、打獵、打球、種花以及跳舞等，他們根本沒有時間閒著。

忙碌，是最好的治療劑。如果你一直閒坐在那裡發愁，很容易會產生一大堆胡思亂想的東西，「胡思亂想」猶如傳說中的妖精，會掏空你的思想，摧毀你的行動力和意志力。

蕭伯納說得好：「讓人愁苦的秘訣就是有閒置時間來想想自己到底快活不快活。」因此不必去想它。讓自己忙碌起來，你的血液就會開始循環，你的思想就會開始變得敏銳——讓自己一直忙碌，是這世上治療憂慮最便宜而且也是最好的一種藥。

第九章　迎向光亮，戰勝孤獨

1 你有必要把自己搞得這麼緊張嗎？

早上一睜開眼，緊張忙碌的生活就開始了。人們步履匆匆，總覺得工作和生活像打仗。好不容易下班了，還要把一些未做完的工作帶回家接著做。而做家務、指導孩子學習又是一場戰鬥，忙得腰酸背疼……

有時候，人們好像失去了生活目標，每天都在「與時間賽跑」，好像有一支無形的槍在抵著自己的後背，命令自己：「立即做好這件事！」人們像可憐的牛馬，被無窮無盡的事情驅趕著。

忙碌首先影響著人們的健康：食欲不振、缺少睡眠、心臟病、高血壓……不少人由此淡漠了親情、友情；人們還丟掉了自己的許多愛好和樂趣。

隨著現代科技的發展，人們有了電腦、手機、網路……本以爲這些東西可以減輕忙碌，誰知它們反給生活帶來了新的忙亂，現在的社會已經變成「廿四小時的社會」，一切都在持續不斷地運轉。人們也更累了。

儘管人類的身體並沒有發生變化，但現代人睡眠的時間卻越來越短，睡眠品質也在下降。因爲有了火，後來是電燈，白天的時間被延長，人們忙著玩電玩、上網聊天，現在的人比二十年前的人睡眠時間減少了百分之二十。

人們真的需要這樣忙碌嗎？有些事不做或放到明天再做行不行？人們有必要把自己搞得這麼緊張嗎？爲什麼不現在就把工作量減掉一部分，

給自己留出那些必須留的時間和空間呢？包括每天定時進餐，有充足的睡眠，有時間與家人共處，有與友人約會的時間，有讀書的時間，還有其他種種愛好的活動時間。

給自己要做的事排一個先後順序，並隨時自問：「什麼才是要緊的事？」這有助於自己把握時間。否則，很快你就會發現自己又忙亂起來，讓自己迷失在一堆事務之中。

2 享洪福還是享清福

「佛法分兩種，走出世間是清淨，走入世間是紅塵。」弘一法師解釋說：「紅塵裡的人生，就是功名富貴，普通叫做享洪福，清淨的福叫做清福。人生鴻福容易享，但是清福卻不然，沒有智慧的人不敢享清福。」

當感到工作壓力太大、內心煩躁時，最好的解決辦法，就是躲到寂寞中去享享清福，放鬆一下身心。

許多人害怕寂寞，時時找熱鬧躲避寂寞，很少有人能夠固守一方清淨，獨享一分寂寞。更多的人腳步匆匆，奔向人聲鼎沸的地方。殊不知，熱鬧之後的寂寞更加寂寞。如能在熱鬧中獨飲那杯寂寞的清茶，也不失爲人生的另類選擇。

但是，寂寞並不是每個人都會享受的。未來敢於抗爭的人，才有面對寂寞的勇氣；昔日擁有輝煌的人，才有不甘寂寞的感受；爲了收穫而不惜辛勤耕耘流血流汗的人，才有資格和能力享受寂寞。

許多人把失意、傷感、無爲、消極等與寂寞聯繫在一起，認爲將自己封閉起來就是寂寞，這是一種誤解。倘使這樣去生活，不僅會限制生命的成長，還會與現實隔閡。

寂寞是一種享受。在這喧囂的塵世之中，要保持心靈的清淨，必須學會享受寂寞。寂寞就像個沉默少言的朋友，在清淨淡雅的房間裡陪你靜坐，雖然不會給你諄諄教導，卻會引領你反思生活的本質及生命的真諦。寂寞時，你可以回味一下過去的事情，以明得失，也可以計畫一下未來，未雨綢繆；你也可以靜下心來讀點書，讓書籍來滋養乾枯的心田；也可以和伴侶一起去散散步，彌補一下失落的情感；還可以和朋友聊聊天，古也談，今也談，不是神仙，勝似神仙。

寂寞是一種難得的感受。當你想要躲避它時，表示你已經深深感受到了它的存在。此時，不妨輕輕地關上門窗，隔去外界的喧鬧，一個人獨處，細心品味寂寞的滋味。坐在桌前，焚一爐檀香，沖一杯咖啡，翻一本酷愛的圖書，感受久違的紙墨清香。

當然，如果你願意，你也可以什麼也不想，只是一個人靜靜地待上一會兒，讓大腦暫時處於休眠狀態。

寂寞是知心朋友，在你心煩時，不會打擾你，也不會對你有所求。熱鬧需要向外索求，而寂寞隨時與你同在，在你需要時，它便會輕輕地來到你身邊，靜靜地聽你傾訴心聲。它能為你保守秘密，雖然無言無語，卻能讓你更好地認清自己。它不會對你指手畫腳，卻能讓你以更加自信的步伐邁出人生的下一步。

因此，當你對工作、生活感到倦怠時，不妨找個空間獨處。獨處可以讓人充分感受寧靜祥和，忘卻爭鬥與煩惱，如同走出喧鬧的都市進入萬籟俱寂的曠野一般，讓人心曠神怡。此時，獨坐一室，於清茶中品味人生，生命的目的便會因此明晰；在書中品味生活，生活便會更加多姿多彩。

清代名臣曾國藩向一個修行極高的出家人請教養生之道。出家人磨墨運筆，龍飛鳳舞地寫了一張處方遞給他。

曾國藩接過處方問道：「現在正是盛夏之時，天氣炎熱，弟子往日總感到屋內沸騰，如坐蒸籠，為何今日在大師這裡似乎有涼風吹面一樣，一點也不覺得熱呢？」

出家人朗聲說道：「乃靜耳。老子云：『清淨物之正。』水靜則明燭鬚眉，平中準，大匠取法焉。水落石出靜猶明，而況精神？聖人之心靜乎，天地之鑒也，萬物之鏡也。夫虛靜恬淡、寂寞無為者，天地之平而道德之至也。世間凡夫俗子，為名、為利、為妻室、為子孫，心如何能靜？外感熱浪，內遭心煩，故燥熱難耐。大人或許還要憂國憂民，畏讒懼譏，或許心有不解之結，肩有未卸之任，也不能心平氣靜下來，故有如坐蒸籠之感。切脈時，我以己心靜感染了你，所以就不再覺得熱了。」

人在充滿焦慮的時候，靈魂和內心更需要獨處時的寧靜。這片寧靜可能在高山上，可能在大海邊，也可能藏在一所鄉村小屋中。只要敢於獨處，用心去體味，就能體會到它的妙用。

不要害怕寂寞，它能夠使你暫時放下心中的惦念，獲得片刻悠閒。很多時候，享受寂寞就是在享受生活。

3 依靠自己是最穩妥的生活方式

你憑什麼能在這個世界上生存下來，而且生存得比其他人更好？答案有兩種可能：一是你有龐大的家業可繼承，天生就可以過衣食無憂的生活；二是你具備優秀的生存本領，憑智慧和汗水獲得想要的幸福。

不管一個人是否有能幹的父母或雄厚的家業做後盾，他都必須有生存的本領，不能依靠別人生活一輩子。否則，一旦失去後盾，他將一無所有，甚至連基本的生存都成問題。

美國加州的蒙特雷鎮曾發生過一場鵜鶘危機。蒙特雷是鵜鶘的天堂，可那一年鵜鶘的數量卻驟然減少。生物學家擔心出現禽鳥瘟疫，環境學家認為海水污染已經超過極限，一時間人心惶惶。

科學家們最後發現原因是鎮上新建的釣餌加工廠，以往，蒙特雷的漁民在海邊收拾魚蝦時，總是把魚內臟扔給鵜鶘吃。久而久之，鵜鶘變得又肥又懶，完全依賴漁民的施捨過活。

後來，蒙特雷鎮建起了一座加工廠，從漁民那裡收購魚內臟作為原料生產釣餌。自從魚內臟有了商業價值，鵜鶘們的免費午餐就沒了。

過慣了飯來張口的日子，鵜鶘仍然日復一日等在漁船附近，期盼食物能從天而降，不用說，救命的魚內臟沒有降臨，牠們變得又瘦又弱，很多都餓死了。世世代代靠別人養活的蒙特雷鵜鶘已經喪失了捕魚的本能。

或許現在的你正像鵜鶘一樣，爲一直以來吃著父母提供的食物而沾沾自喜。吃飽了上一頓，繼續等待家人提供下一頓，可你爲什麼不想想鵜鶘失去免費食物後的潦倒狀況呢？

如果過慣了養尊處優的生活，很容易變得懶惰，失去理想和追求，我們的生活也就失去了意義。

一天，下著瓢潑大雨，一個男人在屋簷下躲雨，看見一位禪師打著雨傘走過來，大聲喊道：「禪師，度我一程如何？」

禪師看了一眼求助的男人，說道：「我在雨裡，你躲在屋簷下，何必要我度你呢？」

聽禪師這麼說，男人立刻衝到雨中：「現在我也在雨中了，應該可以度我了吧？」

禪師說：「我也在雨中，你也在雨中。我沒有淋雨是因為我撐了雨傘，你挨雨淋是因為你沒有帶傘。準確地說，不是我度你，而是我的傘度我。如果要度，不必找我，請你去找自己的傘。」

這個人渾身都濕透了，生氣地說：「不願意度我就直說，何必繞這麼大的圈子。我看你不是『普度眾生』而是『專度自己』！」

禪師聽了沒有生氣，而是心平氣和地說：「想要不淋雨，就要自己找一把傘。現在是雨季，天天在下雨，下雨天出門不帶傘，只想著別人肯定會帶傘，理所當然會有帶傘的人來為你遮擋風雨，所以才會挨雨淋。別人的傘不大，自己也要靠這把傘來遮擋，你憑什麼要拿傘的人來照顧你呢？」

最後，禪師還說：「你自己不帶好遮擋風雨的東西，只想著靠別人來度自己，這種想法最害人，到頭來必定會遭報應的。」

做人要承擔起對自己的那份責任，照顧好自己，不要指望別人爲你遮風擋雨。

人生就是陽光燦爛與風雨交加輪換交織的過程，每個人都難以避開自己不喜歡的風風雨雨，這是必須正視的命運。要避免在旅途中受到狂風暴雨的摧殘，就要撐起自己遮風擋雨的雨傘。如果像這個雨季出門不打傘的人那樣，把希望寄託在別人身上，結局也只能是和他一樣。

找到自己喜歡的好工作，在競爭中不被淘汰出局，好機會出現的時候抓住它，照顧好自己的身體，解決遇到的困難，挺過寒冬……這些都是你對自己的責任。事關你的明天，甚至一生，要靠你自己，不能指望別人爲你解決這些問題。

你是一個自由人，自由意味著沒有人能隨便約束你的行動，也沒有人會爲你承擔照顧自己的責任。即使有人能夠幫你一些，也不可能代替你自己，最重的那塊還得你自己扛。你不能指望無權無勢的父母幫你搞定大城市的一份好工作，你不能指望做生意發了財的同學把自己的房子送給你，你不能指望病了的時候有人爲你承擔病痛，你不能指望被辭退的時候有人爲你找老闆說情……

能夠在風雨交加的日子裡照顧好自己已經很不容易了，他們又能幫你多少呢？你就是自己人生成敗的第一責任人。你的一生要靠你自己，不要把希望寄託在別人身上，不要成爲親朋好友的負擔，更不要成爲令人頭疼的「麻煩製造者」。

想在這個世界生存下去，生活得更好，就應該靠自己的認真努力去爭取。讓自己獨立，依靠自己是唯一穩妥的生活方式。

美國的富商、石油鉅子大衛．洛克菲勒的成長經歷就是很好的例子。

大衛是石油大王約翰．洛克菲勒的兒子，他出生的時候，家裡已經有億萬資產，可他們兄弟每週的零花錢只有三角。同時，按父親的要求，每人還必須準備一個小帳本，將零花錢的使用去向記錄在上面。經過檢查，如果使用合理，能得到獎勵。

他的父親讓他從小就懂得了金錢的價值，零用錢是有限的，如果想獲得更多的錢，怎麼辦？方法只有一個：自己去賺。

大衛小的時候從家庭雜務中賺錢，例如捉走廊上的蒼蠅一百隻得一角；抓閣樓上的老鼠，每隻可得到五分。他有一招更絕，他設法取得了為全家擦皮鞋的特許權，然而，他必須在清晨六點起床，以便在全家人起床之前完成工作，擦一雙皮鞋五分，一雙長統靴一角。

大衛有一位大學同學，是花錢大手大腳的富家子弟，甚至可以在開口索要之前就得到想要的任何東西，可大衛說：「他是我認識的最不幸的人，他換了無數次工作，永遠也無法發揮自己的能力。」

正是這種「想要用錢自己賺」的想法，激勵著大衛後來取得了輝煌的成就，將父親的財富延續了下去。

自立，雖然會暫時迫使你拋掉眼前的錦衣玉食，甚至要吃不少苦頭，但它卻是你今後獲得幸福生活的資本；而依賴和懶惰，儘管給現在的你提供了安逸的生活，卻是你精神上的毒瘤，讓你的人生腐朽，墮落潦倒。

不管你的家底多麼豐厚，也不應該待在家裡「坐吃」父母，一味「啃老」，要多尋找機會，鍛煉自己，獨立自強，不要等到老了，時光與青春都失去了才後悔莫及。

4 平凡也可以高貴

生活中，有些人羨慕「貴族」，所以成了「跪族」。在這個物欲橫流的社會，人極容易迷失自己。斷定一個人是「貴族」還是「跪族」，不是看他的財產和地位，而要看他是否擁有一顆高貴的心靈。

商業社會是一個名利場，名利自然是名利場的招牌，大多數人一輩子嚮往的、追求的不就是這些東西嗎？因為有了這些東西，好比泥胎鍍了金身，立時就會顯得高貴起來。

但是，這種高貴只是表面和形式上的高貴。真正高貴的人並不一定能擁有這些，而擁有這些的人則未必高貴。

人生是一次艱辛坎坷、充滿挑戰、充滿挫折的旅途，有太多的理由讓我們放棄自己、放棄靈魂、放棄理想。爲了名利，有太多的人放棄了尊嚴，寧願成爲權貴豢養的「哈巴狗」，也不願成爲驕傲的狼。在他們看來，一顆貴族的心毫無用途。

英國勞埃德保險公司曾從拍賣市場買下了一艘船。這艘船一八九四年下水，在大西洋上曾一百三十八次遭遇冰山，一百一十六次觸礁，十三次起火，兩百零七次被風暴扭斷桅杆，然而它從沒有沉沒過。

勞埃德保險公司基於它不可思議的經歷及在保費方面帶來的可觀收益，最後決定把它從荷蘭買回來捐給國家。現在這艘船就停泊在英國薩倫港的國家船舶博物館裡。

不過，使這艘船名揚天下的卻是一名來此觀光的律師。當時，他剛打輸了一場官司，委託人也於不久前自殺了。

儘管這不是他的第一次辯護失敗，也不是他遇到的第一例自殺事件，然而，每當遇到這樣的事情，他總有一種罪惡感。他不知該怎樣安慰這些在生意場上遭受了不幸的人。

當他在薩倫船舶博物館看到這艘船時，忽然產生了一種想法：為什麼不讓他們來參觀這艘船呢？之後，他便把這艘船的歷史抄了下來，和這艘船的照片一起掛在自己的律師事務所裡。每當商界的委託人來請他辯護，無論輸贏，他都建議他們去看看這艘船。它使我們知道：在大海上航行的船沒有不帶傷的。

現實生活中有顆貴族的心，能讓我們不在燈紅酒綠的社會中迷失自己。無論處在什麼樣的環境下，就算再惡劣、再貧窮，也不能輕言放棄。

大多數人的生活註定平凡，但是，平凡並不意味著我們不能變得高貴。不亢不卑，內心充實，塑造自己獨特的魅力與人格，爲自己打造一顆貴族的心，並使它在繁瑣而細碎的生活中綻放光彩，就如那句廣告詞，「平凡而不簡單」。當我們擁有一顆貴族的心，就算是在普通、庸俗的生活中，也可以使自己過得優雅而有品味，時時散發出獨一無二的魅力。

5 熱愛生活，懂得生活

若你覺得日子如白開水，淡而無味，你可以加點蜂蜜，或者煮開了泡幾朵玫瑰花瓣，或者一小撮綠茶，或者沖咖啡……你可以無限發揮你浪漫的創意，讓生活變得不再平淡。

生活需要變化，這樣才能讓人覺得有新鮮感，才能長時間保持活力。

如果我們能像藝術家一樣熱愛並設計我們的生活，那麼我們的日子必然會是另外一番模樣。

縱觀歷史長河，史上聖人出了不少，有趣的人可不多，蘇東坡算一個。古人有人生四大樂事之說，蘇東坡則認爲，人生賞心樂事不單只有四件，而有十六件：清溪淺水行舟；微雨竹窗夜話；暑至臨溪濯足；雨後登樓看山；柳陰堤畔閒行；花塢樽前微笑；隔江山寺聞鐘；月下東鄰吹簫；晨興半炷茗香；午倦一方藤枕；開甕勿逢陶謝；接客不著衣冠；乞得名花盛開；飛來家禽自語；客至汲泉烹茶；撫琴聽者知音。

從這十六件樂事中可見，蘇東坡極熱愛生活，樂觀入世，也懂得享受生活，是不折不扣的有趣之人。

「生活從來都不缺少美，而是缺少發現」。生活中，追求情趣很重要，能使我們感受到人生的美好，使我們更加熱愛生活。

一個人不能光知道工作，偶爾要做一些「無用」之事，做有情趣之人。風和日麗時，躺在草地上看雲，下雨天打傘聽雨聲，晚上看月亮數星星，躺在床上胡思亂想自己的前世今生……這些看似無用的事，使我們的人生多了幾分情趣。

生活中積極向上、善良快樂的人，總是很有生活情趣。無論生活多麼緊張、煩雜、無奈，他們熱愛生活的心是不會變的。和這樣的人在一起，能鼓舞你生活的信心，讓你感悟生活的快樂。

有人把生活比喻成一首歌，其實這歌並不都是歡快得令人陶醉的娛樂。它有憂傷，有淒涼，有哀痛和呻吟。只有真正懂得生活的人，才會把它仍然當作一首歌來唱，將自己的嗓音調整到最佳狀態，努力地把握好每一個音節，就連那傷心傷情之處也要表現得淒美而慘烈。

人們總是羨慕功成名就的人，認爲他們是生活中的成功者，認爲只有這些得到生活回報的人才會對生活充滿感激、信心和激情。其實，真正懂得生活的人，對生活充滿愛意的人，是那些在生活中遭遇挫折和不幸的人；是那些深知生活在世上，有快樂就有悲傷，有成功就有失敗，有苦澀就有甘甜的人；是那些對生活沒有過多奢求而認真生活的人；是那些把生活本身當作幸福的人。

有趣和身分、地位、年齡無關。有趣幽默之人，往往富有理解力，也唯有這種人，方能從平凡的生活中尋出無盡的樂趣。

當我們對待工作，不，是對待整個生活都像一個藝術家一樣，敏銳地洞察每一片段之美，懷著嬰兒般的好奇心去探索每一個角落，以超凡的想像力、創造力來做每一件事時，那該是多麼美妙啊！世界每日常新，有那麼多事情等待我們去發現，去創造，去感受，去愛，去超越。

6 人生需要不斷充電

學問要通過不斷地學習才能內化成自己的東西。一個人即使天賦再好，也不可能隨便就將不是自己的東西據爲己有，頂多是在學習的時候比別人快一些。同樣的，一個人就算是天賦一般，但只要能堅持不懈地學習，遲早會有成大器的一天。

人生是需要不斷充電的，整個社會都在不斷前進，如果你不升級自己，那麼唯一的後果就是被社會拋棄。只有不斷地充實自己，我們才能讓自己贏在起跑線上。

知識長時間地擱置會隨著時間的推移而逐漸被淡忘，若是不回頭溫習，再不吸收新的知識，只怕僅有的一點知識也會蕩然無存。

求學是個積累的過程，沒有人可以不下苦功就擁有大學問。

葛洪說：「學之廣在於不倦，不倦在於固志。」人的生命是有限的，而學問是無限的。一個人有了一定的學問，又能夠認識到自己的學識、能力還不夠，從而不斷學習，不斷進步，養成了這種習慣，學問就會越積越多。學問積累得越多，就越有智慧，志向就越來越大，成就也會越來越讓人刮目相看。

左思是西晉太康年間的著名學者，他的《三都賦》在京城洛陽廣為流傳，人們嘖嘖稱讚，競相傳抄，一下子竟使得洛陽紙貴。為了抄寫這篇千古名賦，不少人甚至跑到外地去買紙。

不過，左思少年時並不是非常聰明，他貌不驚人，說話結巴，看起來一副癡癡呆呆的樣子。他的父親左雍還曾對朋友說：「左思雖然成年了，可是他掌握的知識和道理還不如我小時候。」

左思不甘心受到這種鄙視，開始發憤學習。當他讀過東漢班固寫的《兩都賦》和張衡寫的《兩京賦》後，雖然很佩服文中的宏大氣魄、華麗辭藻，可也看出了其中虛而不實、大而無當的弊病。從此，他決心依據事實和歷史的發展，寫一篇《三都賦》，把三國時魏都鄴城、蜀都成都、吳都南京寫入賦中。

他在臥室、廳堂、門前、廁所等，凡是平常出入的地方都放著書籍，以便時刻學習，並在旁邊放上了紙筆，只要一想到好的句子，便立刻寫下來。如此，一直過了十年，皇天不負有心人，終於讓他寫出了傳世華章《三都賦》，轟動了整個京師，左思也隨之名聲大噪。

經過幾千年累積的知識是浩瀚無垠的，我們所學到的只不過是滄海一粟。同時，知識無時無刻不在以很快的速度更新，我們能夠掌握的知識實在有限，若不能長期持之以恆地學習，很快就會感到知識匱乏。

有句老話說得好，叫「活到老，學到老」。人的一生應該不斷學習新的東西，學習是一輩子的事，沒有年齡階段的限制。正由於這種孜孜不倦的學習精神，隨著年齡的增長，人們對世事才會有更高的領悟。

學習是一種進取的精神。正是由於有了這種精神的存在，人生才有意義。過去的成績僅僅代表過去，我們應當注重的是未來。人應當在進步中體會自己的人生價值，體會人生的快樂，從求知中獲得幸福和滿足。人類社會越來越文明，作爲個體的人，一生中需要學習的東西就越多。

有人將人生比作一輛車，唯有不停地學習，才能使生命的車輪不停前進，才能感覺到生命的動力，從而品嘗到生命成長的喜悅。不學習的人生就像車拋錨一樣，停在原地不動，只會慢慢生銹。

7 不忘初心，方得始終

相信很多人都有過這樣的經歷：在面對未知事物時，心中略微會有一種不安、自卑，如果此時有人自願、主動幫助你學習、理解這一未知事物，你就會保持高度集中的注意力以及極快接納知識的速度。這種對未知事物的注意力以及極快的接納速度源於對知識的好奇。

心理學認爲：好奇心是個體遇到新奇事物或處在新的外界條件下所產生的注意、操作、提問的心理傾向。它容易被外界刺激物的新異性喚醒。好奇心反映了個體的認知需求，不同的個體面對同樣的認知資訊，會產生不同水準的好奇心，它的強度與個體對相關資訊的瞭解程度有關。

所以，我們需要對知識充滿好奇，永遠保持初學者的心態，即使你已被公認爲大師、教授，面對知識的更新、出現，仍需要保有好奇心。

愛因斯坦說他之所以能取得成功，原因在於他具有狂熱的好奇心。美國學者希克森特．米哈伊在談到好奇心的重要性時說：「好奇心需要被保護，也許所有的孩子都有好奇心，但這種對事物的好奇是否能保持到成年甚至老年，很難說。」

在劍橋大學，維特根斯坦是大哲學家莫爾的學生。

有一天，羅素問莫爾：「誰是你最好的學生？」

莫爾毫不猶豫地說：「維特根斯坦。」

「為什麼？」

「因為，在我的所有學生中，只有他一個人在聽我的課時，老是露出迷茫的神色，老是有一大堆問題。」

羅素也是個大哲學家，後來維特根斯坦的名氣超過了他。有人問：「羅素為什麼落伍了？」

維特根斯坦說：「因為他沒有問題了。」

德國著名化學家李比希把氯氣通入海水中提取碘之後，發現剩餘的母液中沉積著一層紅棕色的液體。他雖然感到奇怪，但並未放在心上，武斷地認為這不過是碘的化合物，只在瓶上貼張標籤了事。直到後來一位法國科學家證實這是新元素溴，李比希才恍然大悟。他因此稱這個瓶子為「失誤瓶」，以告誡自己。

小時候，我們認爲周圍的一切很神秘，總會有些出乎意料的事物等待我們去觀察、探索、詢問、操作或擺弄。然而，隨著時間的流逝，很多人不再對周圍事物懷有探索、詢問的心理傾向。

只有對事物永遠充滿好奇，才能使我們始終保持一種初學者的心態，如饑似渴地吸取知識中的營養成分，進而獲取極大的進步。

Part 4

/生活極簡/

成就人生的基本欲望

第十章 你還愛自己嗎？

1 認識自己，便什麼也不會失去

尼采曾說：「聰明的人只要能認識自己，便什麼也不會失去。」每個人都有自己獨特的個性和長處，都可以選擇自己的目標，並通過不懈的努力去爭取屬於自己的成功。

每個人的潛能是無窮的，但需要你去開發利用。不管是工作學習，還是克服你本能的恐慌，都需要開發你的潛能。潛能開發了，本領強大了，自然也就不恐慌了。

有一個「番茄」的故事。

在一九八五年日本築波國際科技博覽會上，有一粒極普通的番茄種子，它長成後，一片葉子就可以伸展到十四平方米那麼大！一片葉子就有這麼大，它的體積可想而知，它結出的果實數量更是令人覺得不可思議，竟然多達一萬三千多個！

用一般方法種番茄，就算再勤勤懇懇、盡心盡力，能結出幾十個果實就已經很了不起了！可這顆不平常的番茄種子竟然結出了一萬三千多個果實，這是怎麼做到的呢？其實也沒有使用什麼魔法，僅僅是採用了一種「水耕法」培育而已。

我們每一個人就像一顆發育極不充分的番茄，都有結一萬多個果實的潛能，卻只開發出了結幾個、十幾個、幾十個果實的能力。

所以，著名心理學家詹姆斯說：「我們只不過清醒了一半。我們只運用了身體上和精神上的一小部分資源，未開發的地方很多很多，我們有許多能力都被習慣性地糟蹋掉了。」

美國著名的富爾頓學院心理學系的學者也說：「編撰二十世紀歷史時可以這樣寫：我們最大的悲劇不是恐怖的地震，不是連年戰爭，甚至不是原子彈投向日本廣島，而是千千萬萬的人生活著然後死去，卻從未意識到存在於他們身上的巨大潛能。」

沒有發現自己潛能的人，都是還沒有清晰地認識自我，「認識自我」是鐫刻在古希臘戴爾菲城那座神廟裡唯一的碑銘，猶如一把千年不熄的火炬，表達了人類與生俱來的內在要求和至高無上的思考命題。

認識自我，是我們每個人自信的基礎與依據。即使你所處的環境不好，遇事總是不順心，但只要你賴以自信的巨大潛能和獨特個性及優勢依然存在，你就可以堅信：我能行，我能成功。

一個人在自己的生活經歷中，在自己所處的社會境遇中，能否真正認識自我、肯定自我，如何塑造自我形象，如何把握自我發展，如何抉擇積極或消極的自我意識，將在很大程度上影響或決定著一個人的前程與命運。

換句話說，你可能渺小而平庸，也可能偉大而傑出，這在很大程度上取決於你的自我意識究竟如何，取決於你是否能夠擁有真正的自信。請你一定要記住，認識自我，自己就是一座金礦，擁有自信、自主、自愛，你就一定能夠在自己的人生中展現出應有的風采。因此，認識自我這一過程的實現與完成，同時也能悅納自我，培養自信心，發掘潛能，最終達到自我實現的目標。

如同天底下沒有相同的樹葉一樣，每個人身上都有不同於他人的優勢，讓我們做個聰明人，別光盯著自己的弱點，好好找找自己的優勢潛能，並把它發揮出來。

2 適時調整自己的狀態

為什麼有些人會泯然於眾人，有人卻經過多年之後仍舊保有其地位，依然才能出眾，備受矚目？他與其他人有何差異？是身體的構造不同？還是心靈、精神、企圖心等方面存在差異？或者說，是一種保持狀態的能力在起作用？

實際上，這正是我們應該注意的方向——一個人內心的狀態以及企圖心。

以在法國科西嘉島上的貧困家庭出生的拿破崙為例，他擁有堅強不屈的意志．甚至能夠控制自己的肉體，視情況需要調整睡眠時間。但是，拿破崙後來也脫離了現實，自認爲已立於不敗之地，把自己看成了神，於是走向衰敗。如果他能夠傾聽別人的聲音並加以反省，不斷提醒自己不要陷於忘乎所以，或許就可以免於如此快速地走向沒落。

每個人的內心深處都隱藏著想要解放的欲望，這正是驅策我們向前走的強烈動機。但是，我們一旦在事業、戀愛、藝術、學術等方面獲得成功，就容易忘掉是什麼原因或靠誰的幫忙才得以成功，就容易放鬆自己的企圖心。

保羅．羅西是義大利足球史上最優秀的中鋒之一，有「金童」之稱。

他球技高超，在西班牙世界盃賽上，為義大利隊奪冠立下了汗馬功勞，當選為第十二屆世界盃賽的最佳射手和最佳球員，包攬「金球獎」和「金靴獎」。但這樣優秀的球員，在世界盃之後，球技卻開始走下坡路，無論是在球隊還是在國家隊，他都沒有了進取的熱情，在球隊中的作用也日漸減弱，最終在三十一歲這個球員的巔峰之際宣布退休。

如何適時地調整自己的狀態，以使自己適應人生中的各種時期和各種可能出現的意外，是生命中最重要的課題之一。

善於調整自己的人不管取得了什麼樣的成就，他都能正確面對，心神寧靜。他不會爲任何的成功沾沾自喜，而忘記追求成功的艱辛和困苦，也不會爲一時的挫折垂頭喪氣，而失去重新戰鬥的勇氣。只有這種人，才不會被歷史的洪流所湮沒。

記住，要不斷調整自己的人生航向，使之在安全、正確的航道上高速前進，一直到達理想的彼岸。

3 找到自己的位置

如何發現並找到自己的位置？

這跟一個人的目光有關，我們怎麼看決定了我們所在的位置。

以爬樹爲例，如果一直向上看，我們就會覺得自己一直在下面；如果一直向下看，就會覺得一直在上面。所以，我們感覺到的位置取決於我們是在朝前看還是向後看。

換一種眼光就能看清自己不同的位置，進而能相對客觀地認識自己的處境和真正的位置。明白了自己真正的位置，我們才能明白自己的能力——這個位置真正需要的能力。

每個人都要有與位置相符的能力。世界第一高峰的珠穆朗瑪峰之所以是攀登者心中的聖地，就在於它本身擁有的高度；哈佛大學之所以是眾多人心目中的理想殿堂，就在於哈佛本身的實力——給你思考，成就更好的你。

所以，我們要看到珠穆朗瑪峰、哈佛大學它們本身的價值，因爲這才是最本質的東西。石頭並不會因爲美麗的盒子而變成寶石，金子即便被丟在角落裡也會發光。所以，我們要學會讓自己擁有這個位置需要的能力，要給自己的能力找一個合適的位置。

名正才能言順，安於其位才能盡好自己的責任。在社會的大舞臺上，我們會有不同的角色，處在不同的位置。有時，即使是同一個角色，隨著劇情的推演也會有所變化。我們能做的就是了解自身的能力，給自己一個好的位置。

對一個人來說，生活中最大的困難不是失敗與挫折，而是如何擺正自己的位置。挫折、失敗只是人們遭受的外來「痛苦」，如果沒有內在的調整，沒有迅速恢復的能力，沒有一個好心態，就無法從痛苦中走出來。

有時，正是外在的不幸或際遇，能讓一個人找到更好的位置。魯迅原本想通過學醫來救治國人的身體，但最終他棄醫從文，拾起筆做匕首；這個世界並不是只有偉人，也不是只有普通人。有時，偉人之所以是偉人，就是因爲那個位置——位置讓他去調整自己、鍛煉能力。位置本身並沒有絕對的好壞高低，那只是我們自己的主觀評判，不同的人可以根據自身的心境和感覺做出判斷。

只要我們安心於自己的位置，並在這個位置上付出，便能有自己的精彩，爲自己構築一個豐富的世界。

從前，一位陶工製作了一隻精美的彩釉陶罐，他把這隻精美的陶罐搬回家中，放到屋角的一塊石頭上。

陶罐認為主人把自己放錯了地方，整天唉聲嘆氣地抱怨說：

「我這麼漂亮，這麼精緻，為什麼不把我放到皇宮裡作為收藏品呢？即使擺放到商店展出，也比待在這兒強啊！」

陶罐底下的石頭聽了忍不住勸它：「這兒不是也挺好嗎？我比你待的時間還久呢。」

陶罐聽了，譏諷石頭說：「你算什麼東西！只不過是一塊墊腳石罷了，你有我這麼漂亮的圖案嗎？和你在一起，我真感到羞恥。」

石頭反駁說：「我確實不如你漂亮好看，我生來就是做墊腳石的，但在完成本職任務方面，我不見得比你差……」

「住嘴！」陶罐憤怒地說，「你怎麼敢和我相提並論！你等著吧，要不了多久，我就會被送到皇宮成為收藏品……」它越說越激動，不提防搖晃了一下，「嘩啦」掉在地上，摔成了一堆碎片。

一年一年過去了，世界發生了許多事情，一個又一個王朝覆滅了，陶工的房子早已倒塌，石塊和那堆陶罐碎片被遺落在荒涼的角落，歷史在它們的上面積滿了渣滓和塵土。

許多年以後的一天，人們來到這裡，掘開厚厚的堆積物，發現了那塊石頭。

人們把石塊上的泥土刷掉，露出了晶瑩的顏色。「啊，這塊石頭可是一塊價值連城的寶玉呢！」一個人驚訝地說。

「謝謝你們！」石塊興奮地說，「我的朋友陶罐碎片就在我的旁邊，請你們把它也發掘出來吧，它一定悶得受不了了。」

人們把陶罐碎片撿起來，翻來覆去查看了一番，說：「這只是一堆普通的陶罐碎片，一點價值也沒有。」說完就把這些陶罐碎片扔進了垃圾堆。

不滿於自己的位置，但又不清楚自身的能力，找不到合適位置的人，總是在飄忽不定，這樣勢必會失去更多的風景和可能。

你是故事中的石塊，還是陶罐呢？

社會是一座舞臺，要想在這個舞臺上成爲一名好演員，就必須根據自己的素質、才能、興趣和環境條件，選擇適合自己的社會角色，只能演配角就不要去爭當主角，適合當士兵就別奢望當將軍。如果認不清自己，不滿足於普通的角色，像故事中的陶罐那樣，一心想成爲皇宮的收藏品，把自己擺錯了位置，到頭來只會白費力氣，一事無成。反之，一旦選準了適合的角色，走向成功也是順理成章的事情。

4 樂趣激發你的潛能

心理學家皮亞傑明確地指出：「所有智力方面的工作都依賴於樂趣。」有了興趣，人們就會自覺地從事或追求自己愛好的事情。興趣、愛好是一種動力，它使人勤奮，使人堅持不懈地幹下去。

你要確定自已的終生奮鬥目標，首先要問問你自己的興趣所在。所謂興趣，是指一個人力求認識某種事物或愛好某種活動的心理傾向，這種心理傾向是和一定的情感聯繫著的。

愛因斯坦四歲時，父親送給他一個指南針。指南針無論怎麼擺放，指針總是朝著那個方向。「這裡面一定有什麼神秘的力量在起作用！」這使他感到了莫大的驚奇，父親通過讓他直接感知，激發了愛因斯坦對科學的興趣。

愛因斯坦在自傳中追溯自己的科學歷程時，專門談了這件事給他心靈帶來的震動。他認爲，思維世界的發展在某種意義上是對驚奇的不斷擺脫。

古希臘著名哲學家柏拉圖說：「若把『強制』與『嚴格』訓練少年們孜孜求學的方式，改爲引導興趣爲主，他們勢必勁力噴湧，欲罷不能。」經研究發現，幾乎百分之九十的人，腦細胞具有情感效能。因此，只有在愉快的心情下，學習效果才會最佳，才能把大腦裡所藏的學習潛力最大程度地發揮出來。

然而，很多人會說，他知道從事自己感興趣的事情是多麼地愉快，但就是對自己所做的事情不感興趣。在這種情況下，他有兩種選擇：一是徹底放棄自己正在做的事情，尋找自己真正感興趣的事，不管有多困難，都要堅持幹下去；另一種是在無法從事自己最熱衷的工作時，在現有的工作中培養自己的興趣，在勉強自己一段時間之後，也許會在自己完全不感興趣的工作中找到樂趣。

在人生的道路上，我們會碰到各種各樣讓我們感興趣的人和事，因此，我們要有敏銳的判斷力和堅定的意志，選擇那些值得我們去追求的興趣。在積極向上的興趣的鼓舞下，我們自身各方面的潛能和優勢都能得到極大發揮，從而促使我們奔向成功之路。

5 天生我材必有用

「天生我材必有用」絕不是一句空話，只要你找到自己的天賦並將它發揚光大，事業上獲得成功、實現自身價值、擁有更好的生活都不是遙不可及的事。

人才被埋沒，大體有兩種情況：一種是社會埋沒，另一種是自我埋沒。社會埋沒人才，比較引人注目，有人痛惜，有人不平，有人吶喊，有人改進。而人才的自我埋沒——這種埋沒也許比社會埋沒更普遍、更嚴重——卻極少有人發現，因爲，這種埋沒是無聲無息的，連被埋沒者自己都很難覺察！

哈里．萊伯曼先生是位著名的製藥專家，八十歲才離開顧問的崗位真正退休。他退休後常到俱樂部去下棋，以此來消磨時間。

有一天，女辦事員告訴他，往常那位棋友因身體不適，不能前來作陪。看到老人失望的神情，這位熱情的辦事員就建議他到畫室去轉一圈，可以試著畫幾下。

「您說什麼，讓我作畫？」老人哈哈大笑，「我從來都沒有摸過畫筆。」

「那不要緊，試試看嘛！說不定您會覺得很有意思呢！」在女辦事員的一再堅持下，他來到畫室。過了一會兒，她跑來看看老人「玩」得是否開心。

「太棒了，老先生！您剛才一定是在騙我！您簡直是一位名副其實的畫家。」她笑著對老人說。

不過，老人剛才說的全是實話，這確實是他第一次擺弄畫筆和顏料，只是以前從未發現自己有繪畫的才能。

提起當年這件往事，老人頗為感慨地說：「我開始很不適應退休後的生活，那曾是我一生中最憂鬱、最難熬的時光。那位女辦事員給了我很大的鼓舞，從那以後，我每天都去畫室，從作畫中，我又找到了生活的樂趣。從事一項力所能及的有意義活動，就會使人感到又投入了朝氣蓬勃的新生活。」

後來，繪畫對於這位八旬老人來說，已經不僅僅是一項單純的消遣活動了，他對作畫產生了濃厚的興趣。就這樣，不到四年的光景，哈里．萊伯曼的許多作品先後被一些著名收藏家購買，並被選入博物館收藏。

一九七七年，洛杉磯一家頗有名氣的藝術品陳列館舉辦了萊伯曼的一百零一歲畫展。

這位百歲老人筆直地站在入口處，迎候參加開幕儀式的四百多名來賓，其中有不少畫家、收藏家、評論家和新聞記者。

老人身材瘦長，臉上皺紋已深，下巴留著一撮鬍鬚，頭髮花白，卻精神煥發，衣著整潔。其作品中表現出來的活力，贏得了許多參觀者的讚嘆。

美國藝術史學家史蒂芬．朗斯特里特熱情洋溢地讚美道：「許多評論家、藝術品收藏家透過這種熱情奔放、明快簡潔的藝術，看到了一個大藝術家的不凡手法。」

人才自我埋沒的現象是普遍、嚴重的。究竟有多少自我埋沒了的人，我們無從知曉。

俄國戲劇家斯坦尼斯拉夫斯基在排練一場戲劇的時候，女主角突然因故不能演出。他實在找不到人，只好叫他的大姐來擔任這個角色。

他的大姐以前只是幹些服裝準備這類的事，現在突然要演主角，由於自卑、羞怯，排練時演得很差，這引起了斯坦尼斯拉夫斯基的不滿和鄙視。

一次，他突然停止排練，生氣地說：如果你演得還是這樣差勁，就不再往下排了！這時，全場寂然。

突然，她抬起頭來，一掃過去的自卑、羞怯、拘謹，演得非常自信、真實。

斯坦尼斯拉夫斯基用「一個偶然發現的天才」為題記敘了這件事，他說：「從今以後，我們有了一個新的大藝術家……」

試想，如果不是原來的女主角因故不能演出，如果斯坦尼斯拉夫斯基不叫他大姐試一試，如果不是他大發雷霆，使他大姐受到刺激而改變羞怯的態度，沒有這一切偶然因素，他大姐就一定會被埋沒——不是被社會埋沒，而是被自己埋沒！

如果你選對了符合自己特長的努力目標，就能夠成功；如果你沒有選對符合自己特長的努力目標，就無法成功，多少會埋沒自己的能力。

導致人才自我埋沒的原因是很複雜的，主要有下面幾點：

● 缺乏遠大的理想和抱負

一個人如果沒有理想、事業心，他就會庸庸碌碌度過一生。有不少青年人很聰明，很有才幹，也很自信，卻無所作爲，原因是不想幹。一個不想獲勝的人，永遠不會在比賽中得到冠軍。不管你有多大的才幹，沒有遠大的理想和抱負，勢必會自我埋沒。

●錯誤地選擇了努力的目標

天賦在人才成功中起著一定的作用。大多數人在某些特定的方面都有著特殊的天賦和良好的素質，即使是那些看起來很笨的人，也許在某些特定的方面就有傑出的才能。柯南道爾作爲醫生並不出名，可他寫的小說卻名揚天下，每個人都有自己的特長，都有自己特定的天賦與素質，如果你選對了符合自己特長的努力目標，就能夠成功。

●嚴重的自卑感

明顯的或者潛在的自卑感都會造成對自己能力的懷疑，從而導致自我埋沒。

●缺乏正確的方法、濃厚的興趣

人才成功是有「捷徑」的，學習知識也是有「捷徑」的，這「捷徑」就是正確的方法。如果你不知道記憶的規律和方法，你將事倍功半；而如果你瞭解記憶的奧秘，你就能事半功倍。

要防止自我埋沒，就要做到以下幾點：

● 善於自己設計自己

根據自己的環境、條件、才能、素質、興趣等，確定進攻方向，不要埋怨環境與條件，努力尋找有利條件；不能坐等機會，要自己創造條件；拿出成果來，獲得了社會的承認，事情就會好辦一些。

● 消除自卑感

嚴重的自卑感不僅會扼殺一個人的聰明才智，還會形成惡性循環：由於自卑感嚴重，不敢幹或者幹起來縮手縮腳，沒有魄力，這樣就顯得無所作爲或作爲不大；旁人會因此說你無能，旁人的議論又會加重你的自卑感。因此，必須一開始就打斷它，丟掉自卑感，大膽去做。

● 防止自我埋沒，還應注意方法

多讀一些科學家的傳記；善於請教別人；善於查閱資料；善於利用你所能利用的一切，最大限度地發揮你的聰明才智。

6 愛自己，和自己做朋友

哲學家尼采在《查拉圖斯特拉如是說》中說：「你在內心深處很清楚即使你身在人群之中，你也是跟一群陌生人在一起。對你自己來說，你也是個陌生人。」如果你和自己都是陌生人，即使朋友遍天下，也只是熱鬧而已，你的內心仍然是孤獨的。

的確，有時候一大幫人在一起打打鬧鬧，孤獨的感覺卻比一個人的時候還要強烈。因爲你與周圍的人格格不入，無法進入那種熱烈的氣氛裡，在這種熱烈氣氛的映襯下，你覺得自己更加孤獨。而一個人的時候，海闊天空地遐想，反而沒那麼覺得孤獨。

可見，呼朋喚友，置身於喧囂的人際，並不是驅除孤獨的方法。唯一的方法是哲學家說的「真正愛自己，依靠自己的力量」。

我們只有憑藉體內自有的韌性和生命力去戰勝經常駕臨的孤獨感。能和自己做朋友，這才是自由的勝利。這個朋友永遠在你身邊，無論你落魄還是發達，開心還是難過，他都在你身邊，鞭策你，激勵你，安慰你。

人生在世，不能沒有朋友，但在所有朋友中，我們最不能忽略的是自己。能不能和自己做朋友，關鍵在於有沒有「另一個自我」。這另一個自我，實際上就是一個更高的自我，同等重要的是你對這個自我的態度。

有些人不愛自己，常常自怨自嘆，如同自己的仇人；有的人愛自己而缺乏理性，過分自戀，如同自己的情人。在這兩種情況下，另一個自我都是缺席的。

成爲自己的朋友，這是人生很高的成就。

和自己做朋友，就要真正愛自己。法國版ELLE曾經做過一項調查：「假如我們對你的戀人或丈夫做一次採訪，那你最想從他們的嘴裡知道些什麼？」被調查者都不約而同地回答：「他還愛我嗎？」

他還愛不愛我！這是多數人想從戀人那裡得到的答案，其中女性占多數。

而我們想問的問題卻是：「你還愛自己嗎？」

也許你會說，誰不愛自己呢？是的，沒有誰不愛自己，但是不是真正愛自己，會不會愛自己，卻是一個問題。比如說，你每天爲自己真正預留了多少專屬自己的時光，沒有動機，沒有功利，沒有交換，只是讓自己充分自在地舒展開來，感受自己，感知自己。

在更多的時間裡，你恐怕都在忙於應付各種需要：爲家庭，爲工作，爲孩子……即使在一人獨處不需要應酬誰時，你是不是也依然在想著公司和家人的事？

這些都不是真正愛自己的表現，愛自己，不是以物質賄賂自己——一擲千金並不見得是犒賞自己；不是拿成就激勵自己——成功也不見得能餵飽你；當然更不是以別人的眼光或者標準苛求自己，別人都滿意了，你卻不一定能夠滿意。

愛自己就是對自己發自內心地欣賞和喜歡，因爲這個世界上，你是獨一無二的，你就是這個世界的唯一。

愛自己，並不是盲目自戀，而是能夠認識到自己的缺點，坦然地接受自己的一切，不管是優點還是缺點。真心愛自己的人，懂得快樂的秘密不在於獲得更多，而是珍惜所擁有的一切。你會覺得自己是那樣受上天的恩寵，是那樣幸福地生活在這個世界。

這是一份難得的樂觀心境，更是快樂的起點。具有這樣心境的女人，無論是對生活、環境，還是對周圍的親人、朋友，都會自然流露出一股喜悅之情，感動自己，影響他人。

愛自己，和另一個自我做朋友，你才能真正遠離孤獨。當然，這決不是叫我們去砌一道牆，躲在裡面，拒絕別人的關心與問候，而是要你學會和內心的另一個自我相處。這樣，你就能成長爲一棵獨立的大樹，而不是纏繞在別人身上依賴別人營養的藤蔓。大樹的枝椏可以在空中恣意搖曳、伸展，沒有固定的姿態，卻自有一種從容，一種得心應手的自信。

身邊多一些朋友，也許可以讓你遠離形單影隻，卻難以消除你內心的孤獨感。就像金錢可以幫你打發空虛，卻無力塡充你的孤獨。如果你懂得愛自己，善待自己，別人就容易看到你的魅力，會稱讚你，你會從這些讚揚中得到更多的自信，從而活得越發光彩，永遠保持對生活的熱情，這是個良性循環。

第十一章 和你在一起，才是全世界

1 看清愛情的本質

許多女孩總是對錯過的人念念不忘，而忽視了那個和你相守一生的人。

我們常常像崇拜明星一樣鍾情於一個人，然而，我們剛愛上一個人，那時的愛情並不是愛情的常態，而是愛情的初始亢奮狀態。

如果你認定愛情就一直是這樣的，那你就看錯愛的本質了。你每天都在變化，爲什麼愛情就不會變化？十四至三十歲是你的亢奮狀態，三十至七十歲才是你的常態。其實比比時間就知道，哪個是你的常態，愛情也是一樣。

很多放棄愛情的，對婚姻失望的，甚至離婚的，都是因爲要求愛情一直亢奮，不接受它的常態。

2 沒有什麼比親情更可貴

天下爲父母者，更願意常常看到回家的兒女，而不是代替他們的一張張鈔票。

在這世間，沒有什麼比親情更可貴。漠視親情、不體諒父母的年輕人或許並不多，但我們不希望你也成爲他們中的一員。

常陪父母聊聊天，爲他們親自洗一次腳、捶一次背，這一切對於父母來說，比金錢更珍貴，更能讓他們體驗到快樂、幸福。

孝是建立在親情的基礎上的，沒有親情這個基礎，孝無法得到實踐，只有那些珍惜親情的人，才會用一顆熾熱的心去愛自己的家人。

當你懂得了父母的真心，你就需要重新審視和改變自己的價值觀，這是要訣。經濟時好時壞，這是常態，但對父母的心卻不能時好時壞。因爲你付出的是最美最神聖的「真」「善」「美」和「孝」，這是超過世界上最昂貴的頂級珍寶，無與倫比。子女對父母的愛，可以讓簡單平凡的生活變得更溫馨幸福。

因此，請記住：你欠父母的，不是錢，不是物，更不是命，而是發自肺腑的真愛。

3 你是否患了「友情失控症」？

《莊子．山木篇》記載，春秋末年，孔子因為再次被逐出魯國，被迫在宋、衛等國流浪，到處受到冷落，朋友們都漸漸與他疏遠了。孔子在歷經挫折之後，向隱者請教：是什麼原因造成了這種窘境呢？

隱者告訴他：君子之交淡如水，小人之交甘如醴。人與人相交，以勢利相合的人，在窮迫禍患之際，必然負心相棄；不計較勢利，真正的朋友才能夠長相處。

水是人們日常生活中不可或缺的東西，雖然它沒有誘人的芳香，卻常飲不厭。朋友之間的關係若達到最高境界，那就是一種極純真的平淡關係，平平淡淡才是真。

北宋宰相司馬光推薦劉元城到集賢院供職。

有一天，司馬光向劉元城說：「你知道我為什麼推薦你嗎？」

劉元城說：「是因為我和先生往來已久罷！」

原來，劉元城中了進士後，沒有馬上進入仕途，而是跟著司馬光學習了一段時間。

司馬光說：「不對。是因為我賦閒在家的時候，每到時令節日，你都會來信或者親自來看我，問候不斷。可是我當宰相以後，你卻沒有一封書信來問候我，這才是我推薦你的緣故。」

朋友之交，不是因爲對方的財富地位，也不因爲出眾的容貌，而是一種心靈的接受，一種精神世界的相通，也許是一個機遇、一個時間點的相識，也許很普通，平淡得讓人覺得沒什麼不同。真正的朋友不是找機會就麻煩、打攪對方，而是靜靜地遠距離注視著對方，當他需要時及時伸出援助的手，這就是「淡如水」的君子之交。

君子之交，源於互相寬容和理解。在這理解中，互相不苛求、不強迫、不嫉妒、不黏人，所以在常人看來，就像白水一樣淡。

道理誰都懂，但有多少人能做到呢？你有沒有更偏心身邊那些不送禮、不吃請、不拉幫結夥、不阿諛奉承、只埋頭工作的朋友、同事或下屬呢？因爲很少有人能意識到，只有這樣的人才是發自內心地在支持你並且無所圖。可惜，利益蒙住了雙眼，人們往往就看不到平平淡淡的那份真情。

現在很難看到淡如水的君子之交了，現代人的寂寞病導致了另外一種併發症，姑且叫做「友情失控症」。現在很多人交朋友走極端，「我選擇絕對或者零」，要麼朝夕相處，要麼橫眉冷對，不是孤傲得不行，就是依賴得要命。朋友間不懂得控制和平衡，非冷即熱，很難體會到溫和清淡的境界。

要知道，激情是不可能永遠燃燒的，激情在瞬間爆發，就會在眨眼間消耗殆盡。可樂和咖啡固然比較刺激，但水卻永遠是世界上最雋永的飲料。

《查令十字街八十四號》這本被全球人深深鍾愛的書，記錄了紐約女作家海蓮和一家倫敦舊書店的書商法蘭克之間的書緣情緣。

海蓮．漢芙，一個住在紐約舊公寓的窮作家，一個對書有著非比尋常的迷戀和挑剔眼光的讀者，無意中看到一則倫敦查令十字街八十四號的馬克斯與科恩書店的廣告，去信詢問能否買到一些合意的書。書店經理法蘭克．德爾作了肯定的回覆，並寄來兩本書。

他們兩個一定未曾想到，這偶然的一念和平淡的開頭，竟會是往後綿長歲月的引線，成就了一段久傳不衰的佳話。

雙方二十年間始終未曾謀面，相隔萬里，深厚情意卻能莫逆於心。無論是平淡生活中的討書、買書、論書，還是書信中所蘊藏的難以言明的情感，都給人以強烈的溫暖和信任。

這本書既表現了海蓮對書的激情之愛，也反映了她對法蘭克的精神之愛。海蓮的執著、風趣、體貼、率真，跳躍於一封封書信的字裡行間，使閱讀成為一種愉悅而柔軟的經歷。來往的書信被海蓮彙集成此書，被譯成數十種文字流傳。

單純的友情是自由的，今天萍水相逢，彼此尊重地歡聚，明天可以平淡地分手，甚至彼此忘記對方，也無不可。

君子之交淡如水，就像清風徐徐、明月朗朗，清遠無暇。朋友間不應該互相依賴，而是獨立開來可以各自精彩，碰到一起好上加好。相處的時候不纏綿，分離的時候不依戀，想起他來會淡淡地會心微笑，心甘情願又不刻意地爲他做點自己力所能及的事。無論你貧窮富貴，不管你平安與禍患，他都將是你一生的朋友。

4 珍惜美好的親子時光

沒有哪個父母不愛自己的孩子，父母對孩子的愛是可以用生命去換的，誰也不能質疑父母的愛。孩子需要父母的愛，需要無微不至的關懷，還需要父母的陪伴。父母愛孩子，但有多少父母能真正做到時時陪在孩子們身邊？

當孩子降臨到這個世界來到我們身邊，爲了給他們盡可能好的生活條件，我們每天奔波忙碌，早出晚歸。等到某一天，我們有時間抱孩子了，才發現他已經長大了，好像突然間學會了叫爸爸、媽媽，還學會了表達自己的喜好……此時，我們方才感嘆，自己錯過了多少珍貴的第一次，錯過了多少美好的親子時光！

對很多人來說，陪伴孩子是一件無比奢侈的事情，有人是爲生計奔波，有人是爲理想奮鬥，還有其他的各種理由。

事實上，對孩子來說，父母的陪伴真的很重要。

有人曾用獼猴做過實驗：把小猴從媽媽身邊強行帶離，在實驗室裡準備了一個有熱奶的鋼媽媽，一個沒奶的絨布媽媽。按照「有奶便是娘」的推斷，估計小猴會親近鋼媽媽。可事實並非如此，小猴不餓到迫不得已，都不會離開絨布媽媽，一吃完奶就趕緊找絨布媽媽。這個細節，讓我們看到嬰幼兒內心本能的嚮往和恐懼，他們對溫暖的依戀和需求甚至超越了食物。

那麼，對孩子來說，父母的陪伴有哪些積極意義呢？

●能滿足孩子的精神需求

孩子的成長既需要物質基礎，也需要精神呵護，尤其是來自父母親人的呵護。第二次世界大戰後，法國孤兒院的例子就很典型。當時，不論城市鄉下，配給都公平等量，但若干年後發現，鄉下孤兒死亡率遠高於城市。原來在城市，經常有志願者去抱或背孤兒，而在鄉下，孩子本能的「肌膚饑渴」、精神呵護未被滿足。

●有助於孩子適應社會

父母對子女來說是無可替代的，孩子能從親子互動中獲得安全感並形成良性情緒，建立信任、依戀、依賴、期待等積極情感，學會交往，形成社會適應能力，並發展智力。可現在，很多父母把孩子交由爺爺奶奶或外公外婆甚至保姆帶，自己當「甩手爹娘」，殊不知，孩子容易形成種種心理問題，不利於他適應社會。

父親在孩子的成長中主要起到三個作用：智慧的啓迪、人格的塑造和做人的引導。研究發現，與父親在一起時間越長，做的遊戲越多，孩子思維更活躍，抗壓能力也較強，人際關係也比較良好。母親則主要有兩個作用：習慣的養成和情商的培養。由於母親與孩子有更多的接觸機會，孩子通過觀察模仿，會形成與媽媽極爲相同的習慣，而好習慣是終身享之不盡的財富。母親的疼愛能讓孩子的依戀、信任、期待、希望越來越多，社會性越來越好，情商越來越高。

● **幫助孩子社會角色模仿**

父母與孩子生活在一起，孩子會有很多社會角色模仿：女孩模仿媽媽，男孩模仿爸爸。有父母的陪伴，有助於孩子性別意識的培養、社會角色的定位以及責任感的樹立。

5 你可以沒有學問，但不能不會做人

生活在廿一世紀，不管你是誰，都不能逃脫關係的影響力。假如我們把人際關係比作大腦的神經網路，那麼其中的每個人就是一個神經元：凸起的越多，與周邊的聯繫就越多，也就比別人更加靈敏，從而更加容易走向成功。

人緣構架起人與人、群體與群體、企業與客戶、企業與企業之間的互動。爲了企業的發展，任何一個領導者都少不了「關係管理」。西方國家的企業管理者常常邀請其他企業的管理者加入自己的董事會，這樣做不僅僅能夠拓寬眼界，也能得到意想不到的助力。

曾經擔任美國總統的羅斯福說：「成功的第一要素是懂得如何搞好人

際關係。」事實的確如此。在美國，曾有人向兩千多位雇主做過這樣一個問卷調查：「請查閱貴公司最近解雇的三名員工的資料，然後回答：解雇的理由是什麼？」結果，其中三分之二的雇主的答覆都是：因爲他們和同事搞不好關係。

很多成功的商人都深深地意識到關係資源對其事業成功的重要性。美國鋼鐵大王及成功學大師卡內基經過長期研究得出結論：「專業知識在一個人成功中的作用只占百分之三十，而其餘的百分之七十取決於人際關係。」

所以說，無論你從事何種職業，處理好了人緣，就等於在成功的路上走了百分之七十的路程，在個人幸福的路上走了百分之九十九的路程。也難怪美國石油大王洛克菲勒會說：「我願意付出比得到任何其他本領更大的代價來獲取與人相處的本領。」

因此，要成功，就一定要營造一個利於成功的人際關係，一個沒有良好人際關係的人，即使他再有知識，再有技能，也很難得到施展的空間。

星雲大師在《談處世》裡這樣說：「你可以沒有學問，但不能不會做人。人難做，做人難。在現今的社會，人要有表情、音聲、笑容，才會有人情味。懂得感恩者，才會富貴。一點頭、一微笑、主動助人，都是無限恩典。」

我們面帶笑容，看在對方眼中，那抹微笑是發光的；我們口出讚嘆，聽在對方心底，那句讚美是發光的；我們伸手扶持，受在對方身上，那溫暖的一握是發光的；我們靜心傾聽，在對方的感覺裡，那對耳朵是發光的。因爲發心（佛教語，謂發願求無止菩提之心，亦泛指許下向善的心願），凡夫眾生也可以有一個發光的人生。

6 做快樂的職場人

不知道從什麼時候起，你發現自己出現了「自我分離」的狀態。出現在眾人面前的時候，你微笑著的表情、穿戴整齊的打扮，以及對待工作的一絲不苟，使大家覺得你是一個快樂且心態平和的人；但是只有你自己知道，很多時候，你都是不快樂的。你心事重重，因爲你覺得自己空虛；你百無聊賴，因爲你覺得自己沒錢；你天天做夢能住上豪華的房子，能中大獎……於是，你的工作成了雞肋，食之無味！

相當多的職場人士將這種不快樂的心情互相影響，使大家都感到「累」。但大家都明白，最主要的「累」不是因爲工作緊張與壓力，而是「心」苦、「心」累——下屬反叛，領導壓制，同事之間鉤心鬥角。

其實，如果你仔細想想，以上情況是不是只有職場中才有呢？我們身邊不是也經常有這樣的事情發生嗎？若你不置身於職場，就不會如此鬧心了嗎？因此，如果你將職場看作是一個快樂的天堂，你就會發現，職場裡有很多美妙的快樂等著你分享！

做一名快樂的職場人，你首先需要積極參與到職場中來。要知道，勝敗與否不重要，積極參與才是關鍵。

爲了更愉快地生活，首先要愉快地面對辦公室政治。對此，心理學家表示，只要辦公室存在，你就無法逃避辦公室政治。

亞里斯多德在兩三千年以前就與他人分享了自己的智慧——人生來就是政治的動物，在辦公室中，有「政治」存在是常態，沒有才奇怪。如果你閉上眼睛漠視辦公室政治的存在，就如同關上電視拒絕看颱風來襲般不智，因爲你遲早會被捲入其中，有所準備，才有存活的機會。

一位專欄作家一針見血地說：「辦公室政治這場遊戲，要是你不願下場，那就不要抱怨升職無期、薪水原地踏步、人家對你視若無睹，甚至職位被裁掉。」因此，在辦公室裡，不要假清高，如果你不玩辦公室遊戲，就等於自動認輸！你不玩，連期待輸贏的權利都沒有，生活不也同樣沒有樂趣了嗎？

放下所有的不屑和無奈，享受辦公室政治是在其中斡旋的最高明的想法。對於工作，你可能沒有辦法選擇，卻可以選擇改變自己的態度。比如，面對自己總是出問題的工作，你可以當成積累經驗。

要知道，不管是工作還是生活，每個人都會有一些慘澹的經歷，這些經歷足以讓我們沮喪，感到這個世界簡直糟糕透頂。但是，那些勇敢的人會用孟子的那段話來激勵自己：天將降大任於斯人也……這麼一想，那些經歷又算什麼呢？

凡成大業者，必重「天時、地利、人和」三要素，沒有良好的人際關係，在哪裡都是無法生存的。能否愉快地工作，除了你對工作的興趣外，很大程度上取決於職場人際關係的好壞。人際關係好的人，整天笑呵呵，人人都願意爲他效勞。因此在職場上，不要用「合則來，不合則去」的隨意態度來對待人際關係。

只要你放棄以自我爲中心的想法，放棄對他人的猜測和種種抱怨，相信自己的看法，樂於並善於與他人溝通，就能贏得大家的喜歡和尊敬，這樣才能真正快樂起來！

第十二章　走向光榮之路

1 夢想使人生變得更有意義

每個人從小都會有一個夢想，無論大小。夢想可以說是年幼的時候上天賜給我們每一個人的禮物，這份禮物每個人都有，卻不是每個人都能讓它開花結果。

馬雲第一次接觸互聯網是在西雅圖，當時中國還沒有接入互聯網，所以在浩瀚無比的網路世界裡，偌大的中國竟無一席之地。

馬雲對互聯網感到神奇的同時也十分沮喪，於是他就叫朋友做了一個他創辦的海博翻譯社的網頁，並掛到網上。

雖然網頁十分簡陋，只有一些簡單的介紹和一個臨時註冊的郵箱，但到了晚上，他居然收到了五個人的回信。馬雲很激動，儘管他並不懂網路，但嗅覺靈敏的他有一種直覺——互聯網將改變世界！馬雲意識到這裡有一座金礦。

就是這樣一個偶然的機會，馬雲與互聯網擦出了火花。馬雲萌生了一個想法：要做一個網站，把國內的企業資料收集起來放到網上向全世界發佈。這個夢想促使馬雲開始下海創業，創辦了「中國黃頁」。

後來，馬雲受外經貿部邀請，加盟外經貿部新成立的公司——中國國際電子商務中心（ＥＤＩ），該中心由馬雲組建、管理，馬雲占百分之三十股份，參與開發了外經貿部的官方網站以及後來的網上中國商品交易市場。在這個過程中，馬雲的B2B思路漸漸成熟，「用電子商務為中小企業服務」的夢想也越來越清晰。

夢想使人生變得更有意義，把很多人從困境中解脫了出來。我們都要感謝人類的夢想者！

在人類歷史中，如果把夢想者的事蹟刪去，誰還願意去讀那些枯燥乏味的歷史呢?夢想者是人類的先鋒，是前進的引路人。他們畢生勞碌，不辭艱辛，爲人類開闢出了平坦的大道。今天的一切，不過是過去各個時代夢想的總和，是過去各個時代夢想的實現。

對世界最有貢獻、最有價值的人，就是那些目光遠大、有膽量與魄力的夢想者。他們用智慧和知識造福人類，把那些目光短淺、不思進取而又陷於迷信的人解救出來。有膽識的夢想者，還能把常人看來做不到的事情一一變爲現實。

毛姆在小說《月亮和六便士》中描寫了一個追夢人：主人翁查理斯是一個成功的證券經紀人，他有一個令人羡慕的家庭，妻子溫和優雅，招人喜愛，還有兩個健康活潑的孩子。查理斯的前半生一直過得平淡而溫馨。

但直到有一天，對藝術的追求讓它離開了這個他曾經熟悉的家庭與城市，他要畫畫。於是在人們的不解與謾罵聲中離開了現實生活，進入了藝術之門。

為了畫畫，他去了巴黎，過上了窮困潦倒的生活；為了畫畫，他甚至捨棄了文明生活，來到南太平洋群島的塔希提島，與土著一起生活。最終，他創作出了許多藝術傑作。

人類所具有的種種力量中，最神奇的莫過於夢想的力量。如果我們相信明天會更好，就不會計較今天正經受的痛苦。有偉大夢想的人，即使前面有銅牆鐵壁，也無法擋住他前進的腳步。

一個人如果有能力從煩惱、痛苦、困難中走出，到達愉快、舒適、甜蜜的境地，那他就擁有了真正的無價之寶。假如在生命中失去了夢想的能力，那誰還能以堅定的信念、充分的希望、超人的勇氣去繼續奮鬥呢？

有夢想，才會有希望，才能激發出內在的潛能，讓我們去努力，以求得光明的前途。

2 揭開貧窮之謎

初聽起來，「野心」一詞不好聽，但你要知道，世上成大事者都是因爲自己有一顆「想要成偉人」的野心而最後如願以償的。爭取好成績的動機並非與生俱來，而是受教育、薰陶形成的。

巴拉昂曾是一位媒體大亨，以推銷裝飾肖像畫起家。他只用了十年時間就使自己躋身於法國五十大富翁之列。一九九八年，他因前列腺癌在法國博比尼醫院去世。臨終前，他留下了遺囑，把價值四點六億法郎的股份捐獻給博比尼醫院，用於前列腺癌的研究；另將一百萬法郎作為獎金，獎給揭開貧窮之謎的人。

其遺囑刊出之後，媒體收到了大量的信件，有的罵巴拉昂瘋了，有的說是媒體為提升發行量在炒作，但是多數人還是寄來了自己的答案。

很多人認為，窮人最缺少的是金錢，這個答案占了絕大多數。有了錢就不再是窮人了，這似乎是不需要動腦筋就能想出來的答案。也有一部分人認為，窮人最缺少的是幫助和關愛，另一部分人認為，窮人最缺少的是技能；還有的人認為，窮人最缺少的是機會。總之，窮人都窮在沒有好運氣上。另外還有一些其他的說法，答案五花八門。

那麼，正確答案是什麼呢？在巴拉昂逝世周年紀念日上，他的律師和代理人按巴拉昂生前的交代，在公證人員的監督下打開了那只保險箱，在四萬八千多封來信中，有一位叫蒂勒的小女孩猜對了巴拉昂的問題。蒂勒和巴拉昂都認為窮人最缺少的是野心，即成為富人的野心。

在頒獎之日，媒體帶著所有人的好奇，問年僅九歲的蒂勒，為什麼能想到是野心。蒂勒說：「每次我姐姐把她十一歲的男朋友帶回家時，總是警告我說不要有野心！我想，也許野心可以讓人得到自己想得到的東西。」

巴拉昂的謎底和蒂勒的回答見報後，引起不小的震動，這種震動甚至擴展到了英國和美國，一些好萊塢的新貴和其他行業幾位年輕的富翁在就此話題接受採訪時，都毫不掩飾地承認：野心是永恆的特效藥，是所有奇蹟的萌發點。某些人之所以貧窮，大多是因為他們有一種無可救藥的弱點，即缺乏野心。

如何擁有適度的野心呢？下面十條建議或許對你有所幫助。

● 現實地設定能夠獲得成大事的理想，並儘量以得到顯著成果爲主。

● 勿採用消耗過多能力的方法，否則只會得到「拼命三郎」的稱號。

● 通常成大事者會加速下一次的成果出現，但只有保持平常心才能保證不退步且維持好成績。

● 成爲成大事者的同時，不要輸給「勝利效應」，也就是不要在勝利的榮譽中沉溺太久。

● 不要對成大事抱太大的期望，設定可能達成的實際理想。

● 過大的野心會影響健康。理想定得太高，被不可能實現的強烈野心侵蝕，結果容易患腸胃潰瘍等疾病。

● 付出極大努力換來的成大事者並無妨，但不要持續爲取得好成績而給自己施加太大的壓力。

● 偶爾要找個時間放鬆一下，「跳出努力的圈圈」。唯有這麼做才能把能力發揮到最高點，沒有人能夠永遠將能力維持在高峰狀態。

● 沒有強烈動機反能完成更多事，由此可知，野心應符合自己的個性，不必強求。

●當一個人對自己的現狀不太滿意時，他們往往會失去自信，但偶爾又會有更大的野心。因此，首先要檢討對自己的要求是否「合乎實際」，如果超過實際，必須立刻改進。

3 隨時激發生命的鬥志

停滯不前的生活像一潭死水，沒有波瀾，毫無生氣。每一個平淡的日子都需要一股動力，像清泉一般，在死寂的水面上激起絢麗的漣漪。若想改變生活，就要隨時爲自己注入靈動鮮活的補給，激發起生命的鬥志，讓麻木消沉的日子離你遠去。

曾經有一個國王和他的王后生了一個漂亮的兒子。在孩子舉行洗禮儀式的那一天，有十二位仙女前來祝賀，每個仙女都帶來了禮物。高貴的出身、智慧、力量、英俊，所有世上美好的東西都堆在小孩子的面前，看起來他肯定會超過所有那些永垂不朽的人們。

正在這時，第十二位仙女拿出了她的禮物——不滿。但那個憤怒的父親拒絕了她的禮物。

隨著歲月流逝，年輕的王子茁壯成長，簡直就是完美的典範。在他的心中，沒有因為不滿而產生的那種渴望追求什麼的迫切感，他性情溫和，時光一天天從他身邊流逝，王子的心靈漸漸地枯萎了。終其一生，他一事無成。最終，國王才領悟到那被拒絕的禮物才是最珍貴的禮物。

很多偉人都是由於在常規生活中感覺不滿，認爲自己有從事其他事業更大的天資，才放棄原先受過專門訓練的職業的。

伏爾泰就是因爲發現法律學習枯燥無味，不可忍受，才轉而從事文學工作的；大文豪魯迅原本是學醫的，後來覺得文學創作更能拯救民族的靈魂，因而投身到拯救人們的精神世界中，成爲一代文學泰斗；著名詩歌作者穆力耳在寫劇本之前曾經花了五年的時間學習律師。

有一位心理學家曾經說過一句很耐人尋味的話：我們所從事的往往不是我們所擅長的。當然，這其中有很多無法改變的客觀原因。在大部分情況下，偉人們也和常人一樣，在父母的安排下邁進生活的常軌，但他們很快發現自己就像是被擠在四方形洞窟裡的圓球，對現狀不滿，處境窘迫，無用武之地，滿心焦慮。

在某次戰鬥勝利後，有人問成吉思汗，是否等到機會來臨後，再去進攻另一個城市。成吉思汗聽了這話，竟大發雷霆，他說：「機會，機會是靠我們自己創造出來的。」「創造機會」便是成吉思汗能夠名垂史冊的原因。

美國康乃爾大學的生物學教授做了一個著名的實驗，叫煮青蛙。

他先把一隻青蛙丟進煮沸的水中，由於求生的本能，青蛙在落水後即用盡全身力氣跳出了水鍋，安全逃生。

三十分鐘後，教授又使用一個同樣大小的鐵鍋，不同的是，這次在鍋裡先放滿了冷水，然後再把那隻曾經死裡逃生的青蛙放進去。

這隻青蛙在鍋裡並沒有像第一次那樣跳出來，而是歡快地表演著牠的游泳技巧。接著，教授不斷地將水加熱，這隻青蛙完全沒有意識到大禍即將臨頭，依然在水中自由自在地游來游去。

當牠感到情形不對時，為時已晚，牠欲振乏力，全身癱軟，最後終於翻起了白肚皮。

可見，安於現狀是非常可怕的，缺乏危機意識，等於是對自己的生命不負責任。不管你扮演什麼角色，不管你現在多麼成功，也不管你現在所處的環境多麼舒適，都必須主動改變自己，以應對環境的變化。

如果安於現狀，孔子也許只能是魯國一個管理錢庫財糧的小官，而不會成為一個受萬人推崇的「聖人」；如果安於現狀，司馬相如也許只是一個酒店老闆，不會因「洛陽紙貴」名噪一時，機會對每個人都是公平的，之所以有平庸的人，是因為他們滿足於現在的生活，同時機會降臨時，他們也不去把握，好位置就只能讓他人捷足先登，他們不想去競爭，優勢最終會被劣勢所取代。

成功的人絕不會找這樣的藉口，他們不等待機會，不安於現狀，也不向親友們哀求，而是靠自己的苦幹努力創造機會。因為他們深知，唯有自己才能給自己創造機會。

我們總是對安穩的生活戀戀不捨，周而復始地等待著生命的終老……

當心靈因疲憊而停下來時，生命也就會隨之停下；當前進的腳步慢慢停止時，生命的機能也會跟著不斷萎縮，一旦環境改變，危險襲來，我們就會因爲不適應而變得惶惶不可終日。

世界是變幻莫測的，我們即便不能與它保持並肩同行，也要及時跟上它的腳步。時刻給自己一股動力，一劑活水，讓自己保持充足的活力與高昂的熱情，相信無論未來怎樣，我們都能坦然地面對。

4 如何面對命運

有位孤獨者靠著一棵樹曬太陽。他衣衫襤褸，神情萎靡，不時有氣無力地打著哈欠。

一位智者從此經過，好奇地問道：「年輕人，如此好的陽光，如此難得的季節，你不去做你該做的事，而是懶懶散散地曬太陽，豈不辜負了大好時光？」

「唉！」孤獨者嘆了一口氣說，「在這個世界上，我除了自己的軀殼外，一無所有。我又何必去費心費力地做什麼事呢？每天曬曬我的軀殼，就是我需要做的事了。」

「你沒有家？」

「沒有。與其承擔家庭的負累，不如乾脆沒有。」孤獨者說。

「你沒有你的所愛？」

「沒有，與其愛過之後便是恨，不如乾脆不去愛。」

「你沒有朋友？」

「沒有。與其得到後再失去，不如乾脆沒有朋友。」

「你不想去賺錢？」

「不想。千金得來還復去，何必勞心費神動軀體？」

「噢。」智者若有所思，「看來我得趕快幫你找根繩子。」

「找繩子？幹嘛？」孤獨者好奇地問。

「幫你自縊！」

「自縊？你叫我死？」孤獨者驚詫了。

「對。人有生就有死，與其生了還會死去，不如乾脆就不出生。你的存在，本身就是多餘的，自縊而死，不是正合你的邏輯嗎？」

孤獨者無言以對。

「蘭生幽谷，不為無人佩戴而不芬芳；月掛中天，不因暫滿還缺而不自圓；桃李灼灼，不因秋節將至而不開花；江水奔騰，不以一去不返而拒東流。更何況是人呢？」智者說完，拂袖而去。

如何面對命運可以區分出三種人。

低境界狀態之下的人，往往是宿命論觀點的持有者。在命運面前，他們無力抗爭，也沒有想過抗爭，日子在渾渾噩噩中流失。多少年前，他們是下層人，多少年後，他們仍然是下層人。到世間的這一遭，他們也只是和其他生物一樣，匆匆而來匆匆而去。生命對他們而言只是日復一日的累積，平淡的重複，這樣的日子不會昇華。

另一種人對命運有過抗爭，但最終還是選擇了沉默。他們在一定程度上擺脫了原來環境的束縛，實現了一定轉變，但有一定的惰性，當環境得到改變後，安於現狀的心態就會表現出來，做事開始束手束腳，止步不前。

而在高標境界生存狀態之下的人，對改變現狀從來沒有猶豫過。不管處於困境或是處於順境，他們總知道要自己掌握自己的命運，有所作爲。「生命誠可貴，愛情價更高。若爲自由故，兩者皆可拋。」爲什麼世人對自由的評價如此高？因爲「只有呼吸著自由的空氣，才能享受真正的生命」。只有掌握自己的命運，擺脫他人的掌控，成爲自己的主人，生命中擁有的一切才能屬於自己。

相信命運的人，第一個特徵便是消極退避，因循守舊，他們不爭取、不反抗，任命運蹂躪，猶如待宰的羔羊。

相信命運的人還有一個表現是囿於地位，因爲囿於地位而無法向前邁進。他們倒不見得認爲自己的地位將一成不變，但他們總覺得現在的地位是上天的安排，所以不可逾越。

有一次，一個士兵從前線返回，將戰訊呈遞給拿破崙。因為路程趕得太急促，他的坐騎還沒有到達拿破崙的總部就倒地累死了。拿破崙立刻下了一道手諭，交給這位士兵，叫他騎上自己的坐騎火速趕回前線。

這位士兵瞧著那匹魁偉的坐騎，還有上面所配的華貴馬鞍，禁不住戰戰兢兢地脫口而出：「不，將軍，我只是一個平常的士兵，我受用不起！」

拿破崙回答他：「對於一個法國的兵士，沒有一件東西是不能受用的！」

世上有許多人，他們以為別人所有的種種幸福是不屬於他們的，以為他們不配擁有，以為他們不能與那些命運殊佳的人相提並論。然而他們不明白，這樣的自卑自抑、自我抹殺非但不會改善自己的狀況，還會使它變得更糟糕。這種心理導致他們的人生毫無起色，他們一輩子都只能生活在最底層。

思想境界不同，理想抱負不同，人生就會不同。每個人都擁有充分的自主權，你可以為自己設計達到目標的路線。如果你放棄自我實現的夢想，只是被動地承受接踵而來的一切，你就無法體會到想要有所作為的力量及它所帶來的收穫。一旦你嘗試著去把握自己的人生，你就能感受到這種力量的存在。長風破浪會有時，直掛雲帆濟滄海！

5 激情是奇蹟之母

激情能創造出財富，也能創造出奇蹟，可以說，激情是奇蹟之母。美國成功學大師卡內基稱激情爲「內心的神」，認爲「一個人成功的因素很多，而首要的因素就是激情。沒有激情，無論你有什麼能力，都發揮不出來」。大凡能創造出奇蹟的人，不一定有什麼特異功能，但一定有一股激情。

沸騰的開水，每一個水分子似乎都在爭相跳躍，不斷向上，人的心態也應該如此，每一滴血都應該沸騰起來。湖水如果永遠平靜沒有波瀾，那就成了一潭死水；人生如果永遠不能沸騰起來，那麼人也如同死去一般，生與死都已經沒有分別。

有一部電影《沸騰的生活》，講述了一個羅馬尼亞人自力更生造船的故事。羅馬尼亞自行製造了五萬噸礦砂船，試船時，因螺旋槳葉片破裂而失敗。造船廠廠長科曼決定發揚自力更生的精神，憑著自信和一腔熱血，依靠工人和技術人員重新鑄造。

但這項決定並沒有得到上級的支持，上級認為他們沒有實力，不會成功。面對重重困難，科曼沒有放棄，而是懷著莫大信心，堅忍不拔，最後終於鑄出了大型螺旋槳，試航也大獲成功。

問問你自己：什麼事能夠讓你赴湯蹈火在所不惜？你是否曾經爲了實現夢想而努力拼搏？你要找到激情，找到願意爲目標而瘋狂努力的動力。如果缺乏這個催化劑，一段時間過後，你又會回到原點。

你要讓心情平靜下來，到一個安靜的環境裡，然後試著描繪想擁有的夢想、想去做的事與想成為的人的影像，反覆練習，直到影像清晰，再次找回激情的力量。

6 屢敗屢戰，守得雲開

在夢想的照耀下，寂靜的山谷裡會有野百合花盛開，平凡的人也會綻放出別樣的光彩。在沒有人為自己歡呼的時候，自己要懂得給自己加油；在沒有人理解的時候，自己要做到堅持不放棄。

人活一口氣，這口「氣」其實就是支撐人們不斷走下去的夢想。財富、健康甚至自由都可以被剝奪，唯有夢想永遠無法被剝奪。

任何人都能擁有自己的夢想，都有為自己的夢想付出努力的權利。在實現夢想的過程中，可能周圍的一切並不會十分如意，可能會面臨著意想不到的挫折和困難。在困難和挫折面前，人不是按照背景和地位區分的，而是按照堅持還是放棄來區分的。

被現實打彎了腰不可怕，可怕的是那根支撐自己的脊梁已經折斷。只有屢敗屢戰，鬥志才會一次比一次更強大；愈戰愈勇，信心就會一次比一次更堅定。

清朝名臣曾國藩組建湘軍出戰太平軍。然而這支新軍大多是其家鄉的練勇，招募的士兵多為質樸的農民，以當地儒生為軍官，未曾受過正規的軍事訓練，故而兩軍初戰時，湘軍連戰連敗。曾國藩感到非常痛苦，幾次試圖投水自殺未果。

痛定思痛後，曾國藩決定重整旗鼓，企圖與太平軍展開最後的決戰，後攻佔武昌重鎮，奉詔任湖北巡撫。其後，曾國藩率水師進攻九江、湖口。太平軍翼王石達開率兵來救，誘使湘軍水師的輕便快船先進入鄱陽湖，再一舉封鎖湖口，使仍在長江中的湘軍的笨重大船成為難以移動的活靶子，再用火攻。

這次戰役使得湘軍水師的數十艘大船被毀，曾國藩率殘部狼狽退至九江以西，其座船也被太平軍俘獲。

其間，曾國藩因指揮湘軍與敵交戰無功，原本在給朝廷的奏章中用了「屢戰屢敗」之語，但最後遠在京都的皇帝與重臣們讀到的卻是「屢敗屢戰」，滿篇陳奏雖悲壯卻精神振奮，氣度朗朗朝日。原來，是曾國藩的部下李元度見到最初的摺子，建議改為「屢敗屢戰」，字無不同，但順序如此一倒，則滿篇精神大變，境界也就大不一樣。果然，朝廷讀完呈上來的奏章，只覺曾國藩及其率領的湘軍精神可嘉，不覺其屢屢失敗有罪。

更重要的是，正因為具有百折不撓的精神，屢敗屢戰，總結教訓，才使湘軍不斷走出逆境，不斷積小勝為大勝。曾國藩終率領湘軍，會同左宗棠、李鴻章等指揮的部隊，逐漸實現了對太平天國「天京」的戰略包圍，並在清同治三年（一八六四）六月，攻破天京，取得了最終勝利。

從「屢戰屢敗」到「屢敗屢戰」，在字面上看只是順序的不同，實質上卻有著天壤之別。「屢戰屢敗」突出的是一個「敗」字，說明戰者無能，次次戰敗，會讓人產生對其能力的極大懷疑；而「屢敗屢戰」突出的是一個「戰」字，說明戰者勇猛，次次戰敗，但卻次次捲土重來，不肯認輸。

夢想不需要成本，但追夢需要，這種本錢並不是你先天具有的，而是你拼搏所得。一個人若是什麼都不肯付出，即便夢想再小，也絕無實現的可能；反過來說，若是向著目標不斷努力，即便開始時一無所有，最終也一定能守得雲開見月明。

縱觀古今，那些能夠夢想成真的人，無一不是在實現夢想的道路上走得十分艱難，但他們最終都挺下來了。記住，在挫折與困難面前，不要忘記最初的理想，更不要忘記自己最初的樣子本就一無所有，失去也沒什麼可惜，但拼搏總比放棄得到的多一些。

電影《光榮之路》講述的是一名籃球教練哈金斯到一支成績很差的球隊執教的故事。

哈金斯是一個具有堅強意志的人，他決心在全國大學體育協會裡面闖出名堂，而且他的思想非常開明，並不以膚色區分天才，在他的籃球隊裡，需要的只是勝利。

在這一想法的指導下，哈金斯從校園中招收了一群非常有籃球天分的黑人學生作為自己球隊的核心，開始了他艱苦的光榮之路。

最初，這些球員不知道職業籃球和街頭籃球的區別，而哈金斯總是不斷地用夢想激勵著他們努力前行。

在經過一段時間的系統訓練以後，哈金斯堅定的信心感染了球隊裡的每一個人，這支混合了黑人先發的球隊一路披荊斬棘，最終闖進了決賽，最後在馬里蘭大學擊敗了白人先發的肯塔基隊，獲得了總冠軍。

這場比賽成為美國體育史上最重要的幾個事件之一，它不僅捍衛了黑人的尊嚴，更具有劃時代的意義，因為它使得美國大學籃球正式進入「黑白共存」的時代。

這是美國籃球史上的真實事件。這一事件從某種程度上可以說是重新定義了籃球這項運動。當然，推動這一切的就是夢想的力量。因爲有夢想，教練才願意接手一支上賽季只取得寥寥數場勝利的球隊；也正是因爲有夢想，在街頭打球的黑人才願意承受大量的訓練和眾人的白眼；還是因爲有夢想，最終在決賽中，球隊的白人運動員選擇了服從教練的指揮⋯⋯

過後去看這些人的故事，你會覺得結局是設定好的，但在故事發生的時候，誰也不敢保證最終的結果是什麼。哈金斯並沒有百分之百的把握能夠獲得成功，更何況，他向著一個極高的目標發起了挑戰。但是他堅持下來了，他知道東西有貴賤之分，但夢想沒有，任何小人物都有成爲大人物的可能，只要他肯爲夢想付出努力。

我們都要和固執的自我坦誠相對

作者： 韋甜甜
發行人：陳曉林
出版所：風雲時代出版股份有限公司
地址：10576台北市民生東路五段178號7樓之3
電話：(02) 2756-0949
傳真：(02) 2765-3799
執行主編：朱墨菲
美術設計：吳宗潔
行銷企劃：邱琮傑、張慧卿、林安莉
業務總監：張瑋鳳

初版日期：2017年11月
版權授權：馬鐵
ISBN ：978-986-352-374-1
風雲書網：http://www.eastbooks.com.tw
官方部落格：http://eastbooks.pixnet.net/blog
Facebook：http://www.facebook.com/h7560949
E-mail：h7560949@ms15.hinet.net
劃撥帳號：12043291
戶名：風雲時代出版股份有限公司

風雲發行所：33373桃園市龜山區公西村2鄰復興街304巷96號
電話：(03) 318-1378
傳真：(03) 318-1378
法律顧問：永然法律事務所 李永然律師
北辰著作權事務所 蕭雄淋律師

行政院新聞局局版台業字第3595號 營利事業統一編號22759935

定價 ：280元

國家圖書館出版品預行編目資料

我們都要和固執的自我坦誠相對 / 韋甜甜著. --
初版. -- 臺北市：風雲時代, 2017.10 面； 公分

ISBN 978-986-352-374-1(平裝)
1自我實現 2.生活指導

177.2 106015330